国学一本通

易 经

于春海◎注译

吉林文史出版社

图书在版编目（CIP）数据

易经/于春海注译.－长春：吉林文史出版社，2010.1（2023.9重印）
（国学一本通）
ISBN 978-7-5472-0139-8

Ⅰ.①易… Ⅱ.①于… Ⅲ.①周易－注释②周易－译文 Ⅳ.①B221

中国版本图书馆CIP数据核字（2009）第220955号

 国学一本通

易经

出版人/徐 潜

出版发行/吉林文史出版社（长春市人民大街4646号）www.jlws.com.cn

主编/徐 潜

译评/于春海

项目负责/王尔立

责任编辑/王尔立 王凤翎

装帧设计/李岩冰 刘纯青 董晓丽

责任校对/李洁华

印刷/北京一鑫印务有限责任公司

版次/2010年1月第1版 2023年9月第8次印刷

开本/720mm×1000mm 1/16

字数/280千字

印张/14.5

书号/ISBN 978-7-5472-0139-8

定价/59.00元

前言

《易经》是一部什么样的书？千百年来，众说纷纭，莫衷一是。有人说它是本占筮的书；有人说它是一部哲学著作，是讲天理人道的；有人说它是中国古代的百科全书，是讲天文地理、鸟兽鱼虫、历史逻辑、国家政治、伦理道德等等的；也有人贬低它，说它是算卦的书，专门宣扬封建迷信的。见仁见智，公说婆说。我们从一个侧面看，认为《易经》是中国古代君子的人生指南，是讲君子如何趋吉避凶，如何加强道德修养，如何自强不息、厚德载物的。

"君子"一词，在中国古代社会中含义颇为丰厚，在西周、春秋时期，君子是贵族的通称，主要指的是在官长者，即指统治者，与被统治的"小人"相对称，有所谓"君子备治，小人务力"的说法。后经《易经》的阐释，"君子"、"小人"逐渐演化成了"有德者"与"无德者"的称谓，我们说《易经》是中国古代君子的人生指南中的"君子"，指或在官或不在官的，有作为或欲有作为而尚无作为的有道德的人。

《易经》成书于殷周之际，相传伏羲作八卦，周文王囚羑里将八卦重为六十四卦，并作卦爻辞，孔子作《易传》，果如是，这三位历史上大名鼎鼎的人物为什么写这部书？尤其是大思想家孔子为什么晚而喜《易》，并为之韦编三绝？这很耐人寻味。《易经·系辞》说："作《易》者，其有忧患乎？"说明《易经》作者是因为忧患而成书的，这样，我们就有理由说《易经》是写给君子看的，因为在中国古代社会中，这种忧患意识的主要载体，应该是在官长者的"君子"了。

《易经》讲的是人谋，不是神谋、鬼谋。整部作品始终贯穿着人的因素起决定作用的思想观念，认为人的品德修养、主观努力可以逢凶化吉，促使事物发生变化，这里的"人"，指的就是"君子"，所以《易经》在讲人谋的过程中，"君子"首先要具有忧患意识。

有人认为《易经》是讲算卦的书，宣扬了封建迷信，这是误解，或是以不知为知，简单地认为占卜、算卦等于迷信。殊不知，占卜之于迷信，正像宗教之于巫术一样，是人类思想史上的一大进步。《易经》是中国农耕文明的产物，是中国古代先民的智慧结晶，在《易经》中，没有"批八字"、"看手相"的内容，有的却是对中国古代君子提出的要求，是君子的人生指南，因此，我们将其翻译、评点，力求寻觅出这些有价值的东西，古为今用，使《易经》成为我们的人生指南。

国学一本通

易经 目录

《易经》上经

 乾【一】天天乾

《乾》：元、亨、利、贞。

译文 天的功能，是万物创始的根源，亨通，有利，贞正。

初九①：潜龙，勿用。

译文 像潜藏的龙那样，隐忍待机，不可妄动。

九二：见龙在田，利见大人②。

译文 龙出现在田野，拜见有权位的人，吉利。

九三：君子终日乾乾，夕惕若，厉，无咎③。

译文 君子终日奋发努力，到了晚上也要戒惧反思，即使有危险，也可避免灾祸发生。

九四：或跃在渊，无咎。

译文 龙有时在渊中跳跃，无灾祸。

九五：飞龙在天，利见大人。

译文 龙在天上飞，拜见有权位的人，吉利。

上九：亢龙④，有悔。

译文 龙飞到极高处，会有悔恨产生。

用九：群龙无首，吉。

译文 群龙在一起，却无首领，大吉。

注释 <<<

①初九：每一卦的第一爻都称"初"，阳爻称"九"，阴爻称"六"，自下而上阳爻依次为"初九"、"九二"、"九三"、"九四"、"九五"、"上九"，阴爻例同。

②见：即现，出现、呈现。大人：有地位、有权势的人。

③乾乾：即刚健、努力不懈的意思。惕为戒惧。厉为危险。咎是过失、小的灾祸。

④亢：穷高、极高。

乾上

乾下

《彖》曰：大哉乾"元"，万物资始，乃统天。云行雨施，品物流形。大明终始，六位时成，时乘六龙以御天。乾道变化，各正性命，保合太和，乃"利贞"。首出庶物，万国咸宁。

译文 《彖传》说：伟大啊天的元气，万物靠着它开始产生。它统管于天。云流动着，雨下降着，各类物品变动成形。太阳终始运行，上下东西南北的方位应时形成。象因时乘坐六条龙控制着天有秩序地运行。天道变化，万物各自端正它的性命，保持住太和之气，有利于正道。乾元之气开始生出万物，使万国都安宁。

象曰：天行健，君子以自强不息。

译文 《象传》说：天道刚健，君子效法天，所以自强不息。

"潜龙勿用"，阳在下也。"见龙在田"，德施普也。"终日乾乾"，反复道也。"或跃在渊"，进"无咎"也。"飞龙在天"，"大人"造也。"亢龙有悔"，盈不可久也。"用九"，天德不可为首也。

译文 "潜龙勿用"，是因为初九阳爻在卦的最下位。"见龙在田"指大人将恩德普遍施于人间。君子"终日乾乾"反反复复都合乎正道。"或跃在渊"前进没有害处。"飞龙在天"喻君王有所作为。"亢龙有悔"喻位于极高者，不能长久，将有悔恨。"用九"，群龙同心同德，合乎天德，所以不能有个当首领的。

"元"者，善之长也；"亨"者，嘉之会也；"利"者，义之和也；"贞"者，事之干也。君子体仁足以长人，嘉会足以合礼，利物足以和义，贞固足以干事。君子行此四德者，故曰："《乾》：元、亨、利、贞。"

译文 《文言》说："元"是善的首位，"亨"是美的集中表现，"利"是义的应和，"贞"是事情的主干。君子实行仁，就能做人的尊长，集合美就能合乎礼，对万物有利，就能与义相应和，坚持正道，就能办好事情。君子实行这四种德行，所以说："《乾》卦，元、亨、利、贞。"

初九曰："潜龙勿用。"何谓也？子曰："龙，德而隐者也。不易乎名，遁世无闷。不见是而无闷，乐则行之，忧则违之，确乎其不可拔，'潜龙'也。"

译文 🌀 初九说："潜龙勿用。"是说什么呢？孔子说："这是比附有德而隐居的君子。不为世俗所改变，不求成名，避世隐居也没有烦闷，不被认可也不感到烦闷。高兴的事就去做，忧烦的事就避开，坚定不改变，这就是'潜龙'。"

> 九二曰："见龙在田，利见大人。"何谓也？子曰："龙，德而正中者也。庸言之信，庸行之谨；闲邪存其诚，善世而不伐，德博而化。《易》曰：'见龙在田，利见大人。'君德也。"

译文 🌀 九二说："见龙在田，利见大人。"是说什么呢？孔子说："这是比附有德又能奉行正中之道的人，这样的人，平常讲话重信用，日常行为谨慎，防止邪僻，保存真诚，为社会做善事却不自夸，德行博大而又能感化人。《易》说：'见龙在田，利见大人。'这是人君的美德。"

> 九三曰："君子终日乾乾，夕惕若，厉，无咎。"何谓也？子曰："君子进德修业。忠信，所以进德也；修辞立其诚，所以居业也。知至至之，可与言几也；知终终之，可与存义也。是故居上位而不骄，在下位而不忧。故乾乾因其时而惕，虽危无咎矣。"

译文 🌀 九三说："君子终日乾乾，夕惕若，厉，无咎。"是说什么呢？孔子说："君子提高品德，做好事业。以忠信来提高品德，以修饰言辞来建立诚信，这是做好事业的起点。知道提高品德的程度，而能达到它，可以跟他讲几微的道理。知道修业的结果，并能达到它，可以保持道义了。所以，处在尊贵的高位却不骄傲，处在低贱的地位却不忧郁，所以，勤奋努力，随时警惕，虽然处境危险，也没有灾难了。"

> 九四曰："或跃在渊，无咎。"何谓也？子曰："上下无常，非为邪也；进退无恒，非离群也。君子进德修业，欲及时也，故无咎。"

译文 🌀 九四说："或跃在渊，无咎。"是说什么呢？孔子说："这是比附君子的地位或上或下，没有一定，但不是出于邪念。或进或退，没有一定，但不是要离开群体，这都是君子提高品德，做好事业应抓紧时机的表现，所以没有灾难。"

> 九五曰："飞龙在天，利见大人。"何谓也？子曰："同声相应，同气相求。水流湿，火就燥。云从龙，风从虎。圣人作而万物睹。本乎天者亲上，本乎地者亲下，则各从其类也。"

译文 九五说："飞龙在天，利见大人。"是说什么呢？孔子说："同样的声调能产生共鸣，同样的气味能互相吸引。水向湿处流，火向干处烧，云跟从着龙，风跟随着虎，圣人出现而万人仰望。根基在天上的亲附天空，根基在地上的依附着大地，这就是说天下万物都各从它的类别。"

> 上九曰："亢龙有悔。"何谓也？子曰："贵而无位，高而无民，贤人在下位而无辅，是以动而有悔也。"

译文 上九说："亢龙有悔。"是说什么呢？孔子说："尊贵而没有实际的地位，身份高却没有民众，有才德的人被压抑在下位，而他没能辅佐，因此行动就会有悔恨。"

> "潜龙勿用"，下也，"见龙在田"，时舍也。"终日乾乾"，行事也。"或跃在渊"，自试也。"飞龙在天"，上治也。"亢龙有悔"，穷之灾也。乾元"用九"，天下治也。

译文 "潜龙勿用"，是说地位处于最底层。"见龙在田"，指暂时住在民间。"终日乾乾"，指勤勉做事。"或跃在渊"，要自试他的才能。"飞龙在天"是说居于上位治理天下。"亢龙有悔"，指高到极点会有灾难。乾元"用九"，天下太平。

> "潜龙勿用"，阳气潜藏。"见龙在田"，天下文明。"终日乾乾"，与时偕行。"或跃在渊"，乾道乃革。"飞龙在天"，乃位乎天德。"亢龙有悔"，与时偕极。乾元"用九"，乃见天则。

译文 "潜龙勿用"，指阳气潜藏在地下。"见龙在田"指天下富有文采，大地明亮。"终日乾乾"指与时俱进。"或跃在渊"指天道发生了大的变化。"飞龙在天"，是处于天德的位子。"亢龙有悔"，说明阳气随着时节而到了极点。乾元"用九"才看到了天道运行的规律。

> 《乾》"元"者，始而亨者也。"利贞"者，性情也。乾始能以美利利天下，不言所利，大矣哉！大哉乾乎！刚健中正，纯粹精也。六爻发挥，旁通情也；时乘六龙，以御天也；云行雨施，天下平也。

译文 《乾》卦的卦辞"元"，是讲刚健的阳气开始化生万物，而能通顺。"利贞"，是天的化生能有利于万物性情之正。天开始把美好的利益施予天下，而且从不提起它的恩德，伟大啊！伟大的天！刚健，居中，守正，纯粹而精美。六爻发挥舒展，广泛贯通一切事物的情状，好比按时乘着六条龙去调控着上天，分布着云彩，降洒着雨露，天下太平。

> 君子以成德为行，日可见之行也。"潜"之为言也，隐而未见，行而未成，是以君子弗"用"也。君子学以聚之，问以辩之，宽以居之，仁以行之。

译文 君子以成就德业为他行动的准则，每天可以看见他的行动。初九所说的"潜"，讲的是隐藏而没有表现，行动的时机没有成熟。因此，君子不能有所作为。君子通过学习来积累知识，通过诘问来辨明是非，以宽容来存心，用仁心来行事。

> 《易》曰："见龙在田，利见大人。"君德也。"九三"重刚而不中，上不在天，下不在田，故"乾乾"因其时而"惕"，虽危"无咎"矣。

译文 《易》说："见龙在田，利见大人。"这是君王的品德。九三处在两重刚位，没有处在中位，向上不像九五的在天位，向下不像九二的在田野，所以还需要勤奋努力，随时警惕，处境虽危而无灾祸了。

> "九四"重刚而不中，上不在天，下不在田，中不在人，故"或"之。或之者，疑之也，故"无咎"。

译文 九四处在三重刚位，没有处在中位，向上不像九五的在天位，向下不像九二的在田野，向中不像九三的在人位，所以说"或"，说"或"表示迟疑未决，所以没有灾祸。

> 夫"大人"者与天地合其德，与日月合其明，与四时合其序，与鬼神合其吉凶。先天而天弗违，后天而奉天时。天且弗违，而况于人乎？况于鬼神乎？

译文 九五"大人"的德与天地好生之德相合，他的明智与日月一样，他的恩威与四时的顺序相合，他的赏罚与鬼神福善祸恶相合，他先于天行动，天不违背他，后于天行动，也能遵奉天时，天尚且不违背他，更何况于人呢？何况于鬼神呢？

> "亢"之为言也，知进而不知退，知存而不知亡，知得而不知丧。其唯愚人乎！知进退存亡而不失其正者，其唯圣人乎！

译文 上九中的"亢"讲的是，只知道前进却不知道后退，只知道存在却不知道消亡，只知道获得却不知道丧失，恐怕只有愚人才会这样吧！懂得前进后退，存在消亡，却又不失去正确态度，恐怕只有圣人吧！

评点 《乾》卦是六十四卦的第一卦，六爻皆为阳爻，是纯阳之卦。这些爻辞，用古代传说中"龙"的不同处境来表达事物发展的过程和规律。第一爻是说龙在潜伏阶段，表示事物处于萌发状态，不宜作为；第二爻是说龙已经显露出头角，表示事物正在发展，所以被认为是吉利的象征；第三爻是说处于大发展之前，只要人们就就业业，谨慎小心，虽有困难，也可以度过的具有忧患意识的抽象思想；第四爻是说龙为腾云飞升准备好了条件，表示事物面临着大发展，所以说"无咎"；第五爻是说龙腾云驾雾，飞升到了天上，表示事物发展快到了顶点；第六爻，龙达到了极点，处于逆境，表示了事物发展到顶点则走下坡路，进入衰落阶段，具有物极必反、吉凶转化的朴素的辩证思想。这是用"龙"象征具体事物，用"龙"的不同处境，揭示事物发生、发展和衰亡的过程及其规律，形象地告诫人们居安思危、吉凶转化的道理。

"龙"就是人！

"龙"就是君子！

读《易》一定要得意忘象。《乾》卦给我们另一个重要启示是"天行健，君子以自强不息"，君子要自强，这一思想为后世君子提出了一个重要的标准，也为无数想做君子的人们提出了人生的价值取向。千百年来，无数仁人志士就是按照这一思想和精神，孜孜以求，不断实践，努力把自己培养成一名"君子"的。"自强不息"，从此成为中华民族传统文化中最能催人自励、奋发向上的一种动力。

"朝乾夕惕"定能"飞龙在天"，成就一番事业而避免灾祸。

坤【二】地地坤

《坤》：元亨，利牝马之贞。君子有攸注，先迷后得主，利西南得朋，东北丧朋。安贞，吉。

译文 "坤"象征地，有顺的含意，是纯粹的阴。

"坤"也具备"元亨利贞"四德。但与"乾"不同，并非在任何情况下，都对万物有利，只在像柔顺、健行的母马般执著于正道时，也就是大地依顺着天，资生万物的情况下才会有利。

君子前进，必有所为，但领先则迷失，随后才能有所得，因而有利。

依八卦的方位，西方是"坤""兑"的卦位，南方是"巽""离"的卦位，都属于阴。所以，往西南方，可以得到同属于阴的朋友。东方是"艮""震"的卦位，北方是"乾""坎"的卦位，都属于阳。因而，往东北方，就会失去同属于阴的朋友。

最后的结论：只要安详地执著于正道，就会吉祥。

《彖》曰：至哉坤"元"，万物资生，乃顺承天。坤厚载物，德合无疆。含弘光大，品物咸"亨"。"牝马"地类，行地无疆，柔顺"利贞"。"君子"攸行，"先迷"失道，"后"顺"得"常。"西南得朋"，乃与类行；"东北丧朋"，乃终有庆。"安贞"之"吉"，应地无疆。

译文 ❷ 《彖传》说：至善啊《坤》卦的元始，万物靠它生长，是顺承天道而来的。大地厚实，承载万物，品德无穷美好，涵容广大，各种物类都得到通达。雌马同地同类，在地上行走是无限的。性情柔顺，祥和，纯正。君子有所远行，开始迷惑失路，后来顺利得到正路。向西南去得到朋友，是与同类的人一起走，向东北去失掉朋友，却是终有吉庆。安于正道得吉庆，适应地的广大无边。

《象》曰：地势坤，君子以厚德载物。

译文 ❷ 《象传》说：地势是厚实，温顺的，君子应效法地，用深厚的德行来容载万物。

初六：履霜①，坚冰至。

注释 <<<
①履：踏、踩。
②驯：顺从、服从。
③不习：不熟悉、不练习。

译文 ❷ 这是最低的爻位。
当踏到薄霜时，见微知著，就要想到结冰的季节快到了。

《象》曰："履霜坚冰"，阴始凝也；驯致其道②，至"坚冰"也。

译文 ❷ 《象传》说："履霜坚冰"，阴气开始凝结，顺着推求它的自然规律，会达到"坚冰"的。

六二：直、方、大，不习无不利③。

译文 ❷ "六二"阴爻阴位得中、得正。
这一爻，以大地的形势说理，大地向前延伸，古代说天圆地方，有"直""方""大"的德行，比附出只要具有这方面德性，不需要学习，也不会不利。

《象》曰："六二"之动，"直"以"方"也；"不习无不利"，地道光也。

坤上

坤下

译文 🔅 《象传》说：六二的行动平直而且方正，"不习无不利"，是因为地道广大。

> 六三：含章可贞。或从王事，无成有终①。

译文 🔅 "六三"是阴爻居阳位，在下卦高位。

"章"是美丽的文采，必须含蓄，才能保持纯正。或许跟随君王，从事政务，没有什么成就，但能善终。

> 《象》曰："含章可贞"，以时发也；"或从王事"，知光大也。

译文 🔅 《象传》说："含章可贞"，是说能抓住时机行动；"或从王事"，是说才智广大。

> 六四：括囊②，无咎，无誉。

译文 🔅 像扎紧着的口袋，不随便说话，既没有坏处，也没有称誉。

> 《象》曰："括囊，无咎"，慎不害也。

译文 🔅 《象传》说："括囊，无咎"，是说谨慎才没有害处。

> 六五：黄裳③，元吉。

译文 🔅 穿着黄色的下裙，大吉。

> 《象》曰："黄裳，元吉"，文在中也。

译文 🔅 《象传》说："黄裳，元吉"，是说其中有极好的美德。

> 上六：龙战于野，其血玄黄④。

译文 🔅 两龙在野外激烈搏斗，淌着黑黄色的血。（含有不吉利之意）

注释 <<<
①利永贞：适宜永久恪守正道。

《象》曰："龙战于野"，其道穷也。

译文 《象传》说："龙战于野"，它走到了穷困的绝境。

用六：利永贞①。

译文 占卜永远吉利。

象曰："用六永贞"，以大终也。

译文 《象传》说："用六永贞"，是说永远吉利，由此会有大的成果。

《文言》曰：坤至柔而动也刚，至静而德方。后得主而有常，含万物而化光。坤道其顺乎，承天而时行。

译文 《文言》说：地道极为柔顺，但在变动中却显得刚强，极为文静而品德却是方正的。地道后于天，可行动是遵循常规以天为主，同时包含万物而化育广大。地道多么柔顺啊！承奉天道按四时运行。

积善之家，必有余庆；积不善之家，必有余殃。臣弑其君，子弑其父，非一朝一夕之故，其所由来者渐矣！由辨之不早辨也。《易》曰："履霜，坚冰至。"盖言顺也。

译文 积善的人家，必有多余的吉庆；积不善的人家，必有多余的灾殃。臣子杀死君主，儿子杀死父亲，不是一朝一夕的缘故，它所产生的原因是逐渐积累的，是由于可以辨明的是非却不及早辨明引起的结果。《易·坤》卦初六说："履霜，坚冰至"，大概就是一种循序渐进的现象。

"直"其正也，"方"其义也。君子敬以直内，义以方外，敬义立而德不孤。"直方大，不习，无不利"，则不疑其所行也。

译文 端直是正确的，方正是合义的。君子主敬用来使内心端直，用道义的原则来使行为方正，主敬道义的精神树立起来了，道德就不孤独，"直方大，不习，无不利"，说的就是这种人，他的所作所为是用不着怀疑的。

阴虽有美，"含"之以"从王事"，弗敢成也。地道也，妻道也，臣道也。地道"无成"而代"有终"也。

译文 🔯 阴虽然有美好的品德，具备这种美德去从事君王的事业，不以成功者自居。地道就是为妻之道，为臣之道，地道不能单独地完成繁衍万物的功业，但在时序交替中，它始终一贯地在发挥作用。

天地变化，草木蕃；天地闭，贤人隐。《易》曰："括囊，无咎无誉。"盖言谨也。

译文 🔯 天地变化，草木茂盛；天地闭塞，贤人隐居。《易·坤》卦六四："括囊，无咎无誉"，大概是说要谨慎。

君子"黄"中通理，正位居体，美在其中，而畅于四支，发于事业，美之至也！

译文 🔯 君子如黄色居中，有美好的内心，并且通达事理；处于正确的地位，并且遵守礼节，美善尽在他心中，还畅通于全身，表现于事业，真是美到极点了。

阴疑于阳必"战"，为其兼于无阳也，故称"龙"焉。犹未离其类也，故称"血"焉。夫"玄黄"者，天地之杂也，天玄而地黄。

译文 🔯 阴和阳势均力敌，必然发生争斗。为了阴要兼并阳，所以称龙。但还没有离开它的阴类，所以又称血。所谓玄黄，指的是天地交相混杂的颜色，天色玄而地色黄。

评点 🔯 《坤》卦指地，六爻皆为阴爻，是纯阴之卦。坤之阴柔与乾之阳刚相对，所以，乾卦用龙来比附阳刚，坤卦用雌马来比附阴柔。从六条爻辞看，坤为地，能占卜出外经商，"先迷路，后得主"，及赚钱、失利等语词；坤又指阴气，所以初六爻辞："履霜，坚冰至"，表明阴开始凝聚，并由"履霜"而想到"坚冰至"，见微知著，触摸到了循序渐进的自然规律。古人认为天圆地方，所以将地的德行，总括为"直、方、大"，同时大地又具有美好的内质，所以"含章"；地道承天道运行，这样便"无成，有终"，"黄中通理"，天地通或闭塞，推导出人道要"括囊"，即谨慎处世，方可"无咎，无誉"，而地道若与天道相抗，"龙战于野"，必然是"其血玄黄"，走到了穷困的绝路，筮遇此爻，必凶险。六条爻辞的吉凶毁誉，均与地道所具有的各种特质相关联，让人体悟人道，进而渗透着地道要顺承天道、天尊地卑的观念，有所谓："地道也，妻道也，臣道也。"

《象》曰："地势坤,君子以厚德载物。"厚德载物"命题的提出,将"地"的特质道德化,即将自然物的某种"品德",转化到人类社会的伦理道德范畴之中,起到对人的行为进行规范的作用,让人们去遵循,这是《易经》独到的表达方式:由地之厚实,方能承载万物,联想到人要像地这样,有厚重的品德,才能成就大事业。《象传》发挥得更为淋漓尽致,反复说:"含万物而化光","积善之家必有余庆,积不善之家必有余殃","敬义立而德不孤","美在其中,畅于四支,发于事业"。

"自强不息","厚德载物",历久弥新,在今天,仍极具魅力,被清华大学引为校训。

屯【三】水雷屯

《屯》:元亨利贞,勿用,有攸往,利建侯。

译文 ☯ "屯"象征生的开始。充满着艰难。具有创始,亨通,祥和,坚贞的德行,但不可轻举妄动。

冬去春来,万物萌生,前途不可限量,比之人事,则只要锲而不舍,奋发进取,就有奠定公侯基础的有利条件。

《彖》曰:《屯》,刚柔始交而难生。动乎险中,大"亨贞"。雷雨之动满盈,天造草昧。宜"建侯"而不宁。

译文 ☯ 《彖传》说:《屯》卦,阳刚阴柔开始交配而产生困难,《屯》卦上卦为坎,下卦为雷,下动上险,所以动于险中,占卜非常亨通、贞正。震雷和坎雨交加,充满宇宙,于是生成草木,这种卦象表明宜于建国封侯,但不安宁。

《象》曰:云雷,《屯》。君子以经纶。

译文 ☯ 《象传》说:云雷困难未下雨,比附人事艰难。君子处于艰难之中治理世事。

初九:磐桓①,利居贞,利建侯②。

译文 ☯ 虽然使人踌躇,但志向、行为纯正,正是发挥才能、有利于建立公侯基业的时候。

注释 <<<
①磐:大石。桓:树名。磐桓:喻前进不得、踌躇的意思。
②建侯:封授爵位。

注释 <<<
①如：与"若"同。屯：困顿。邅：进进退退。
②班如：旋转不进的样子。
③字：女子怀孕。
④即：追逐。虞：虞人，古时管理山林的官吏，通常充任狩猎的向导。
⑤几：接近，企望。舍：放弃。吝：困难。

《象》曰：曰"磐桓"，志行正也；以贵下贱，大得民也。

译文 《象传》说：虽然徘徊不前，但志向和行为端正，以贵处于贱位，大得民心。

六二：屯如邅如①，乘马班如②。匪寇，婚媾。女子贞不字，十年乃字③。

译文 "六二"阴爻阴位，得中、得正，又与上卦的"九五"阴阳"相应"，当结为夫妻，不料下爻为阳，故进退两难，不能顺利前进。

骑着马回旋，不是来抢劫，而是娶亲的，占问女子不孕，十年才怀孕。

《象》曰：六二之难，乘刚也，十年乃字，反常也。

译文 《象传》说：六二的困难，阴爻凌驾于阳爻之上，"十年才怀孕"是反常的现象。

六三：即鹿无虞④，惟入于林中。君子几不如舍，往吝②。

译文 逐鹿没有虞人(帮着引路)，鹿跑进了林中，君子见几，要机警，不如舍弃，因为去了只有坏处。

《象》曰："即鹿无虞"，以从禽也。君子舍之，往吝穷也。

译文 《象传》说："即鹿无虞"，只能盲目地跟着猎物跑。君子舍弃它，去了只有坏处，没有任何办法。

六四：乘马班如，求婚媾，往吉，无不利。

译文 骑马回旋，求婚姻，去是吉的，没有不利。

坎
上

震
下

〇一七

《象》曰：求而往，明也。

译文 ☯ 《象传》说：为了求婚而去，是明了情况的。

九五：屯其膏，小，贞吉；大，贞凶。

译文 ☯ 储存肥肉，问小事，吉利，问大事，凶。

《象》曰："屯其膏"，施未光也。

译文 ☯ 《象传》说："屯其膏"，施舍的恩泽不够广大。

上六：乘马班如，泣血涟如。

译文 ☯ 骑着马回旋，（去抢亲，被抢的女子）哭得血泪交流。

《象》曰："泣血涟如"，何可长也？

译文 ☯ 《象传》说："泣血涟如"，怎么可以长久呢？

评点 ☯ 《屯》卦的意义是困难。按其卦形是雷遇坎。坎，陷，险，难也。传统观点又认为这一卦是乾坤始交而生，遇到坎陷，所以"难"。整个卦中，出现了多种难的情况，"勿用有攸往"是出门难；"匪寇，婚媾"是婚姻难；"十年乃字"是怀孕难；"即鹿无虞"是打猎难。"出门""婚姻""生育""打猎"诸方面，在今天看来似乎是小事一桩，而在原始社会生活中却是大事，因为它关涉人们的生存、安全、繁衍之大计。出现了难，怎么办？谁能解决？只有君王才有能力去解难，所以《屯》卦实际上是写给君王的，让君王在艰难时刻，立足现实，休养生息，聚集力量，就会通达顺利而克服难陷。所以在卦中，也有讲到有利的事，如"利建侯"。《象传》解释为"志行正也，以贵下贱，大得民也"，这便明确地告诉君王在艰难情况下，要坚守正道，才会有利于发展，要与贤明的人交往，礼贤下士，才会为未来建功立业打下基础，得到民心，便可度过各种险难而"利建侯"。应当指出的是，《屯》卦还提出了一个重要的命题："君子几"，"几"就是事物变化之初所表露出来的征兆。君子知几而动，知难而变，对人们具有深刻的启迪意义。

蒙【四】山水蒙

《蒙》：亨。匪我求童蒙①，童蒙求我。初筮告，再三渎，渎则不告。利贞。

译文 并非我去求蒙昧的幼童，而是蒙昧的幼童来求我教导，就像问卜一般，应当诚心诚意去求教。第一次告诉他占筮结果，如果第二次、第三次来麻烦，就成为渎，亦即冒犯。冒犯，就不再告诉他，这样有利于占卜。

《彖》曰：《蒙》，山下有险，险而止 ，"蒙"。《蒙》"亨"，以亨行时中也。"匪我求童蒙，童蒙求我"，志应也。"初筮告"，以刚中也。"再三渎，渎则不告"，渎蒙也。蒙以养正，圣功也。

译文 《彖传》说：《蒙》，山下有险，遇险而停止，称为"蒙"，《蒙》卦，通顺，因为通顺是由于遇险而止，行动及时而中正。"匪我求童蒙，童蒙求我"，这是讲占卦者和求卦者双方志趣相互应和。"初筮告"，是因为占问刚健中正之事。"再三渎，渎则不告"，渎犯神灵是蒙昧的。将处于蒙昧状态的人培养成有中正之德的人，是圣人的功业。

《象》曰：山下出泉，蒙。君子以果行育德。

译文 《象传》说：山下流出一股泉水，由于受到山的阻挡泉水流不出去，这是蒙卦的卦象。君子由此悟到，要用果敢的行为来培养自身的品德。

初六：发蒙，利用刑人，用说桎梏 ，以往吝②。

译文 启蒙，开始要像使用刑罚纠正罪恶，这是有利的。然而，刑罚的作用，只在利用刑具告诫，期望脱去刑具。如果一味严刑重罚，超出限度，反而引起反抗，招来羞辱。

《象》曰："利用刑人"，以正法也。

译文 《象传》说："利用刑人"，用来端正法律。

注释 <<<
①匪：同"非"。
②发蒙：启发蒙昧之人。刑：惩罚，有纠正义。说：同"脱"。桎梏：古代束缚手脚的刑具，在脚称"桎"，在手称"梏"。

艮
上

坎
下

○一九

九二：包蒙吉。纳妇吉。子克家①。

注释 <<<
①包：包容。包蒙：取其蒙昧。克：成。

译文 　"九二"与"六五"阴阳相应。"九二"为阳，丈夫，"六五"为阴，妻子。丈夫能够包容，所以娶妻吉祥，并能使家庭兴旺。

《象》曰："子克家"，刚柔接也。

译文 　《象传》说："子克家"，即子娶妇成家，子为刚，妇为柔，所以是刚柔相接。

六三：勿用取女，见金夫，不有躬。无攸利。

译文 　不要娶这样的女子，看见了武夫，要丧命，无所利。

《象》曰："勿用取女"，行不顺也。

译文 　《象传》说："勿用取女"，是因为六三居于九二之上，是以柔乘刚之象，比附以女压制男，这样行为则悖逆不顺。

六四：困蒙，吝。

译文 　陷入蒙昧的困境之中，非常不利。

《象》曰："困蒙"之"吝"，独远实也。

译文 　《象传》说："困蒙"之不利，是因为孤立独处，远离现实环境。

六五：童蒙，吉。

译文 　"六五"：虽阴爻，但得中，居尊位，上有阳刚的"上九"相比，下与阳刚的"九二"相应，是上下都有应援的现象。
　　虽然幼稚蒙昧，但虚心，因而吉祥。

注释 <<<
①击：惩治。御：防止。

《象》曰：童蒙之吉，顺以巽也。

译文 ☯ 童蒙之所以吉，是由于柔顺和服从。

上九：击蒙，不利为寇，利御寇①。

译文 ☯ "上九"阳刚，高位。以启蒙的态度来说，过于刚强。所以说攻击蒙昧，然而，攻击蒙昧，虽嫌过度，但对防止外来邪恶的进攻却有利。

《象》曰：利用御寇，上下顺也。

译文 ☯ 《象传》说：作为御寇是有利的，因为上下顺畅。

评点 ☯ 《蒙》卦，讲的是教育原则。人要承受教化，才能通达顺利。不是我需求于无知的幼童，而是无知的幼童求教于我，接受教育就应该虔诚。一心一意，不能反复无常，这就如占卜，第一次求占灵验，一而再，再而三地求占，就是亵渎神灵，求占就不灵验了。结论是：接受教育要诚心诚意，并且主动求教。初六强调的是教育人要有严厉的规章、制度，对违反规章制度的人，必须予以惩戒，说服教育不是万能的，必须有约束，才能保证学业的完成，九二讲的是包容，即实施教育要胸怀博大，具有包容心，这是对老师讲的，颇有孔子主张的"有教无类"的味道。六三爻辞讲的是尊敬师长，学生求知，不能像娶妻那样挑三拣四，见到有学问的人就要躬迎。六四爻辞是说要善于学习，不能困于学，而应触类旁通。六五则讲的是如童孩那样，虚心求教，最后，上六指出，接受教育，就如同与愚昧的敌人作战那样，教育的结果会使人摆脱愚昧，必然吉利。

需【五】水天需䷄

《需》：有孚①，光亨，贞吉。利涉大川。

译文 ☯ "乾"坚强有力，只有等待，有信用，最后前途光明，可以亨通；只要坚守纯正，就会吉祥，能够像涉过大川那样克服险阻。

《彖》曰：《需》，须也。险在前也，刚健而不陷，其义不困穷矣。《需》，"有孚，光亨，贞吉"，位乎天位，以正中也。"利涉大川"，往有功也。

译文 ☯ 《彖传》说：《需》是等待的意思。前方有险阻，刚健却不陷入危险中，它的意义是不走极端。《需》，"有孚，光亨，贞吉"，是处于君王的位置，具有中正的品德，"利涉大川"说的是出外有功利。

《象》曰：云上于天，需。君子以饮食宴乐。

注释 <<<
①孚：信用。
②需：等待。
③言：责难，谴责。

译文 ☯ 《象传》说：云升上了天，等待下雨，君子观此卦象，可以饮食安乐地等待时机，再行动。

初九：需于郊②。利用恒，无咎。

译文 ☯ 因前面有"坎"的危险，所以在郊外等待。同时"初九"阳爻，刚毅有恒，能够坚持常轨，不会有过失灾难。

《象》曰："需于郊"，不犯难行也。"利用恒，无咎"，未失常也。

译文 ☯ 《象传》说："需于郊"，不冒险去难行的地方。"利用恒，无咎"，没有失去常理，没有害处。

九二：需于沙，小有言③，终吉。

坎上

乾下

译文 ☯ "九二"比"初九"接近上卦"坎"的水。所以用沙象征。虽不会有大的灾害，但已经比较困难，会稍微听到一些责难的话，但"九二"阳爻居中，因而仍然可以安闲地等待，最终吉祥。

注释 <<<
①衍：宽绰，宽厚。
②血：血液。一说与"洫"通，沟渠。
③穴：洞穴。

> 《象》曰："需于沙"，衍在中也①。昌"小有言"，以吉终也。

译文 ☯ 《象传》说："需于沙"，内心宽舒，虽然受到小小的指责，但结果是吉的。

> 九三：需于泥，致寇至。

译文 ☯ "九三"更接近上卦"坎"的水，以"泥"象征，随时有陷入的危险。已相当于随时会有外敌侵袭的状态了。

> 《象》曰："需于泥"，灾在外也。自我致寇，敬慎不败也。

译文 ☯ 《象传》说："需于泥"，环境险恶，灾难就在附近。尽管是自我招致了寇贼的到来，但只要郑重、谨慎，就不会失败。

> 六四：需于血②，出自穴③。

译文 ☯ "六四"已经进入上卦"坎"的危险，可能造成伤亡，所以用等待在"血"中象征，但其阴爻阴位，虽柔弱但得正，因而不会轻举妄动，不久就会由陷入的"穴"中走出。

> 《象》曰："需于血"，顺以听也。

译文 ☯ 《象传》说："需于血"，顺从来听命令。

> 九五：需于酒食，贞吉。

译文 ☯ "九五"阳爻阳位得正，在上卦得中，至尊位置，所以最安全，因而，以安闲的饮食等待作为象征，但必须以坚持纯正为先决条件，才会吉祥。

《象》曰:"酒食贞吉",以中正也。

译文 🔮 《象传》说:"酒食贞吉",是因为有中正的品德。

上六:入于穴,有不速之客三人来①,敬之,终吉。

译文 🔮 "上六"阴爻柔弱,位在卦的极点,已无法再等待,终于堕入穴中。"上六"与下卦的"九三"相应。"九三"连同下面的二个阳爻,已经到了等待终极时刻,因而一拥而来,以"不速之客三人"来象征。"上六"柔弱,对三位刚强的不速之客,既然无力量赶走,就只好以诚意恭敬相待,这样才能吉祥。

《象》曰:"不速之客来,敬之,终吉",虽不当位,未大失也。

译文 🔮 《象传》说:"不速之客来,敬之,终吉",是说"上六"这一爻所处位置不当,但还是没有大的过失。

评点 《需》卦是停留等待的意思,告诉人们要耐心等待机遇的到来。首先等待机遇要诚信,当诚信得以发扬光大的时候,就会通达顺利,坚守正道,讲究诚信,就吉利,就能像渡过江河大川那样,闯过难关。这里强调耐心等待,不要动摇,人们了解你,相信你,才能有机遇的到来。开始要距离权力中心远一点,在"郊外"等待,不介入权力斗争,避免过失和灾祸。"沙"是一种象征,表明所处环境不稳固、不牢靠,因为沙土松软、流动,在这样不牢靠的环境下等待着,无所作为,虽然会听到一些闲言碎语,甚至是责难,但最后还会吉祥,也就是说,政局动荡时,或自身无实际权力,或没有可靠的靠山时,只要等待,不妄动就会没有祸事;"泥"之于"沙",环境更加险恶,象征陷于难以脱身的危险境地。此时的等待,随时随地都可能遭到外敌的攻击和陷害,这时更需要小心谨慎,并且,千万不要身处"泥"中而不自知;"血"中等待,较之"沙""泥",环境更为残酷,"血"象征战火,此时,不能硬闯,看准机会,从战火的"缝隙"中逃脱出来,才能化险为夷,告诫人们越是在危险之中,越不要慌乱;在"酒食"中等待,可想而知,环境优越了,但要居安思危,坚持纯正的原则,才会吉祥;"有不速之客三人来",比附来了很多不受欢迎或心怀敌意的人,以恭敬相待,最终平安。即要善于以柔克刚,或化敌为友。

讼【六】天水讼

> 《讼》①:有孚,窒惕,中吉终凶。利见大人,不利涉大川。

译文 "九二"爻与"九五"爻同为阳爻,不能相应,以至于孚信受到窒碍,所以需加警惕,又要中庸,在心中警惕,才会吉祥。若过于刚强,逞强争讼,最终凶。另"九五"尊位,象征"大人",遇到这样公正的"大人"会有利,但要像涉大川那样逞强冒险,则不利。

> 《彖》曰:《讼》,上刚下险,险而健,《讼》,"有孚,窒惕,中吉",刚来而得中也。"终凶",讼不可成也。"利见大人",尚中正也。"不利涉大川",入于渊也。

译文 《彖传》说:《讼》卦,上面是刚健的乾卦,下面是凶险的坎卦,凶险的坎卦冲击刚健的乾卦,引起了争讼。《讼》卦:"有孚,窒惕,中吉",是因为刚健来(九二,九五爻居中位),并且得到中正之道。"终凶",争讼结果不可能成功。"利见大人",是因为"九二""九五"得中正之道,必有贵人相助。"不利涉大川",(与人争讼)会陷入深渊之中。

注释 <<<
①讼:为争论、诉讼意。

《象》曰：天与水违行，讼。君子以作事谋始。

译文 ☯ 《象传》说：上卦乾的天与下卦坎的水向着相反的方面发展，这是讼卦的卦象。君子看到这种卦象，领悟到做事在刚开始的时候就要慎重考虑（避免争讼）。

初六：不永所事，小有言，终吉。

译文 ☯ "初六"阴爻阳位不正，柔弱。所以，只要不将争讼拖得太久，虽然会小有责难，最终仍吉祥。

《象》曰："不永所事"，讼不可长也；虽"小有言"，其辩明也。

译文 ☯ 《象传》说："不永所事"，争讼是不可长久的。虽然"小有言"，但一般是能明辨是非的。

九二：不克讼，归而逋①，其邑人三百户无眚②。

注释 <<<
①逋：逃亡。
②眚：灾祸。
③食：享用。旧德：先辈的遗德。

译文 ☯ "九二"阳刚，却在阴位，位不正，争讼必然失败，只好逃亡隐藏。逃亡到居民有三百户的邑中，谨守本分，就不会有灾祸。

《象》曰："不克讼"，"归捕"，窜也；自下讼上，患至掇也。

译文 ☯ 《象传》说："不克讼""归捕"是为了逃跑，地位低的人与地位高的人争讼，灾祸的到来是自取的。

六三：食旧德③，贞厉，终吉。或从王事，无成。

译文 ☯ "食旧德"是说前往因先祖遗德所得的领地去就食。

"六三"阴柔，无力与人争讼，因而，隐忍前往先祖遗留的领地，坚持纯正，自励自勉，才能度过艰难，最后得到吉祥。或者也有从政的可能，但不会有成就。

乾
上

坎
下

《象》曰："食旧德"，从上吉也。

译文 《象传》说："食旧德"，顺从上位是吉利的。

九四：不克讼，复即命，渝①。安贞，吉。

译文 "九四"虽阳刚，但处上卦下位，不得中，位不正，地位弱，争讼不会得胜。不过，正因为柔，能改变初衷，顺其自然，安于正理，就不会有过失，终于吉祥。

《象》曰："复即命渝，安贞，吉"，不失也。

译文 《象传》说："复即命渝，安贞，吉"，这不会有过失。

九五：讼，元吉。

译文 "九五"处至尊位，阳刚又至中至正，象征公平、公正、合理的裁判诉讼，因而吉祥。

《象》曰："讼，元吉"，以中正也。

译文 《象传》说："讼，元吉"，是因既得中又得正，即合于正道。

上九：或锡之鞶带②，终朝三褫之③。

译文 "上九"阳刚已达极点，可以逞强赢得诉讼；但也不会持久，或者会赏赐鞶带，但在一天之内，就被剥夺了三次。

《象》曰：以讼受服，亦不足敬也。

译文 《象传》说：凭着争讼而得到赏赐，也是不值得敬佩的。

注释 <<<
①复即命：反悔就从命。渝：改变。
②锡：同"赐"；鞶带：古时依身份颁赐的腰带。
③褫：剥夺。

评点 ✧ 《讼》卦的意思是争讼，是讲打官司的专卦。卦辞总括打官司的原则，要讲信用，要实事求是，不宜四处宣扬，还要小心谨慎，说话不走极端为好。同时，打官司不宜拖得太久，拖到最后不会有什么好处，很可能还会受到伤害。打官司中，能够见到有德望的大人物是很有利的，如果冒险硬拼，则会不利。六条爻辞分别从不同角度论述了打官司不同情形的吉凶结果。初六爻辞强调打官司还是速战速决为好，拖得太久，劳民伤财，节外生枝，要忍受小小的责难则相安无事；九二爻辞讲的是

打官司失败后，逃跑了，结果保护了他的邑人，使邑人没有受到牵连，最终没有灾祸；六三爻辞讲的是"食旧德"的人应安分守己，不宜争讼；九四爻辞说争讼失败，应承认现实，不可逞强争取；九五爻辞说的是打官司过程中的裁决环节，要公正、合理；最后上九爻辞深刻指出：利用权势而胜讼，终有一天会被剥夺所得到的富贵。

师【七】地水师 ䷆

《师》[1]：贞，丈人吉，无咎。

译文 ☯ 必须以正义、中庸、老成持重的人物为统帅，才会吉祥，没有过失与灾祸。

《彖》曰：《师》，众也；"贞"，正也。能以众正，可以王矣。刚中而应，行险而顺，以此毒天下，而民从之，"吉"又何"咎"矣。

译文 ☯ 《彖传》说：《师》是众人的意思，"贞"是正义的意思。能够使众人归于正道，就可以在天下称王了。刚健中正而又上下相应，行于险地却能通过险阻而达到顺利，凭借这些来平定天下，百姓就会顺从，这是吉利的，又哪有什么害处呢？

《象》曰：地中有水，师。君子以容民畜众。

译文 ☯ 《象传》说：下卦为坎，坎为水；上卦为坤，坤为地，像地里面有水，这是《师》卦的卦象，君子由此领会到要容纳人民，畜养民众。

初六：师出以律，否臧[2]，凶。

注释 <<<
① 师：指军队。
② 否：恶。臧：善。

译文  战争的开始阶段最重要，必须以严格的军律统制；否则，不论胜败都是凶。

《象》曰："师出以律"，失律凶也。

译文 《象传》说："师出以律"，因为失去纪律结果是凶险的。

九二：在师中，吉，无咎，王三锡命。

译文 "九二"是卦中唯一阳爻，处中，象征刚毅，中正，军队有巩固的领导，这样，当然吉祥，不会有过失灾祸。

"九二"又与至尊的"六五"阴阳相应，得到君王的宠信，三次赐给褒扬的荣誉。

《象》曰："在师中吉"，承天宠也。"王三锡命"，怀万邦也。

译文 《象传》说："在师中吉"，是承受到了天的宠爱。"王三锡命"，是为了能够使天下各国归顺。

六三：师或舆尸，凶。

译文 此爻为阴，处阳位不正，象征统帅行动乖张，轻举妄动，必然失败，也许将军的尸体用车载回来，当然凶。

《象》曰："师或舆尸"，大无功也。

译文 《象传》说："师或舆尸"，是极无战功的。

六四：师左次，无咎。

译文 "六四"阴柔，但阴爻阴位得正。象征知道量力，于安全地带布阵，据守高地，而不轻举妄动，所以说无咎。

《象》曰："左次，无咎"，未失常也。

译文 ☯ 《象传》说："左次，无咎"，是因为没有失去行军的常规。

六五：田有禽，利执言①，无咎。长子帅师，弟子舆尸，贞凶。

注释 <<<
①田：田猎。禽：禽兽。执：执缚，捕捉。

译文 ☯ "六五"处中至尊、柔顺、中庸，以打猎收获的野兽，象征胜利。这种军队，有利于仗义执言，不会有灾祸。长子统率出征，弟子战死，载尸归，占问凶险。

《象》曰："长子帅师"，以中行也，"弟子舆尸"，使不当也。

译文 ☯ 《象传》说："长子帅师"，这是依照正道行事。"弟子舆尸"，这是因为用人不当。

上六：大君有命，开国承家，小人勿用。

译文 ☯ 战争结束，君王论功行赏，颁布命令，有人封为侯，有人被任命为卿、士、大夫，赐以土地。但小人则不可以使其拥有土地或获得政治权力。

《象》曰："大君有命"，以正功也。"小人勿用"，必乱邦也。

译文 ☯ 《象传》说："大君有命"，是论功行赏，"小人勿用"，是因为用了小人，必定会覆国乱邦。

坤上

坎下

评点 ◎ 《师》卦是讲军旅之事的卦。卦辞主要讲军队要坚持正道，师出有名，有受人尊敬的大将率兵统领，才能吉祥而没有灾祸，充分注意到了增强军队自身的凝聚力和战斗力的问题。并且非常看重统兵将领的资历、威望。初六爻辞提出了作战规律："师出以律，否臧凶。"严格的军纪是非常重要的，军纪松散，也可能打胜仗，虽取胜，也蕴藏着凶险；九二爻辞强调身在军旅中的统帅，要和士兵关系密切，深孚众望，保证指挥通畅，否则便会"师或舆尸"，结果是凶险的；六四爻辞讲到了利用地形的问题，地形是用兵作战的辅助条件。"师左次"是合于地利，"以中行"是合于正道，加上前面讲到的合于律，这三点是"取胜"的保证。作战总的说来是行险，要达到"行险而顺"的目的，还要容民畜众，即得到民众的支持，这是取得战争胜利的重要保证。此外，《师》卦爻辞中还强调要仗义执言，统一号令，论功行赏等问题，尤其是"开国承家，小人勿用"，在今天仍极具价值。

比【八】水地比

《比》：吉，原筮，元永贞，无咎。不宁方来，后夫凶。

译文 ☯ "比"是相亲相辅，就是用卜筮来验证，也是具备元始、永远坚贞的德行，不会有灾难。看到其他的人都前去依附，心不安理不宁，这才前去，像这些迟来的人，就会有凶险，所以择善依附，不可迟疑。

《彖》曰：《比》，"吉"也；《比》，辅也，下顺从也。"原筮，元永贞，无咎"，以刚中也。"不宁方来"，上下应也。"后夫凶"，其道穷也。

译文 ☯ 《彖传》说：《比》卦是吉利的；《比》卦又是辅佐的意思，下属顺从上司。"原筮，元永贞，无咎"，是因为所居的位置是刚健至尊的中位。"不宁方来"，是上国和下国相应和。"后夫凶"，是因为已经走投无路。

《象》曰：地上有水，比。先王以建万国，亲诸侯。

译文 ☯ 《象传》说：下卦为坤，上卦为坎，坤为地，坎为水，像地上有水，这是《比》卦的卦象。先王鉴于此而建立万国，亲近诸侯。

初六：有孚比之，无咎。有孚盈缶，终来有它，吉。

译文 ☯ 人人相亲相辅，应由诚信开始，才不会有过失。如果诚信像装满瓮中的食物，必然就会有人前来依附，吉祥。

《象》曰：《比》之初六，"有它吉"也。

译文 ☯ 《象传》说：《比》卦中的初六爻，是说还会有其他的吉祥之处。

六二：比之自内，贞吉。

译文 ☯ "六二"阴爻阴位，中正，与上卦"九五"阴阳相应。因而柔顺、中正、上下呼应。

相亲相辅，应发自内心，坚持纯正的动机，必然吉祥。

《象》曰："比之自内"，不自失也。

译文 🅰 《象传》说："比之自内"，自己就不会失误。

六三：比之匪人。

译文 🅰 "六三"阴柔，不中不正，所要亲近的人，都不是应当亲近的人，筮遇此爻，结果可想而知。

《象》曰："比之匪人"，不亦伤乎？

译文 🅰 《象传》说："比之匪人"，不也受伤害吗？

六四：外比之，贞吉。

译文 🅰 "六四"阴爻阴位，得正，与阳刚、中正，又在尊位的"九五"相亲，执著于正道。当然吉祥。

《象》曰：外比于贤，以从上也。

译文 🅰 《象传》说：外部亲附于贤明的国君，像臣下服从于君上。

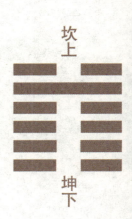

九五：显比，王用三驱，失前禽。邑人不诫，吉。

译文 🅰 "九五"刚健，中正，尊位，其他的阴爻，都来亲近依附，所以用王者狩猎来象征，只由三面包围，来者不拒，去者不追，本着这种合乎中庸的态度，地方上的人们，就不会恐惧戒慎，当然吉祥。

《象》曰："显比"之"吉"，位正中也；舍逆取顺，"失前禽"也；"邑人不诫"，上使中也。

译文 🅰 《象传》说：光明正大地亲近，所以吉祥。九五之爻处于上卦中位，比附人守中道；舍弃违逆的，安抚顺从的，这就是有意放走前面禽兽的缘故；"邑人不诫"是因为君王行事端正。

坎上

坤下

上六：比之无首，凶。

译文 ☯ "上六"阴柔，已达到这一卦的极点"上位无位"的位置，又缺乏刚毅，所以结果凶险。

《象》曰："比之无首"无所终也。

译文 ☯ 《象传》说："比之无首"，是没有好结局的。

评点 ☯ 《比》卦是亲近、辅佐、团结的意思。主要讲了与人亲比即交朋友的好坏两个方面的问题。卦辞说的是人与人相辅相亲是好事，是吉祥的。不要感到不安宁、不安全时，才去和别人表示友好，像这种后来的人靠不住，而且会有凶险。感到不安全才求友，是有求而来，有现用现交，被"利用"之嫌，所以不好。不因利害得失而交友，才会建立起牢固的友谊。初六爻辞讲的是以信义来结交朋友，这是交友的要义，不讲信用的人是不可交的；六二爻辞讲的是交友要发自内心，而且动机纯正，才可交到真正的朋友；六四爻辞讲出门在外结交朋友更需要真诚；九五爻辞针对的是权势显赫、达官贵人讲的，这种人交友不要借助权力，不能强求，要"舍逆取顺"，即放掉那些逆我而去的，取得顺我而来的，尊重其选择，交这样的友，才会吉祥。

"比之自内"、"外比之"讲内部亲近团结，对外也要亲附团结等等，这些都是从好的方面讲的，《比》卦也有讲坏的一面的，如六三爻辞："比之匪人。"爻辞的意思是所结交的人不正派，这个"比"，就是亲附坏人，结党营私，会受到伤害的。这个观念，被孔子进一步阐释为"君子周而不比，小人比而不周"，把团结还是勾结作为判定君子与小人的标准之一。

小畜【九】 风天小畜

注释 <<<
①牵：携手意。

巽上

乾下

《小畜》：亨。密云不雨，自我西郊。

译文 ☯ 积蓄了一些力量，前进道路也畅通，但就像从西天飘来的乌云不会下雨一样，此时还不能施展抱负。

《彖》曰：《小畜》，柔得位而上下应之，曰《小畜》。健而巽，刚中而志行，乃"亨"。"密云不雨"，尚往也。"自我西郊"，施未行也。

译文 ☯ 《彖传》说：《小畜》，六四爻居阴位，其余五爻皆阳，与之相应，这是《小畜》。下卦乾是刚健，上卦巽是谦逊，下乾九二以阳刚得中，比附君子有刚健、谦逊、中正之德，所以前途亨通。"密云不雨"，说明要经过一段时间的继续努力。"自我西郊"，是雨水尚未降下。

《象》曰：风行天上，《小畜》，君子以懿文德。

译文 ☯ 《象传》说：风行天上，是《小畜》的卦象。从而领会君子要不断地美化自己的仪表和德行。

初九：复自道，何其咎，吉。

译文 ☯ "初九"阳位得正，与"六四"相应。这是返回自己原来应走的道路，哪里会是过失？所以吉祥。

《象》曰："复自道"，其义吉也。

译文 ☯ 《象传》说："复自道"，它的道理是吉祥的。

九二：牵复①，吉。

译文 ☯ "九二"刚健，中正，与"初九"携手并进，可突破阻碍，回到原来的位置，所以吉祥。

《象》曰："牵复"在中，亦不自失也。

译文 《象传》说：相牵连着回来，在下乾的正中，也不会使自己受损失。

九三：舆说辐，夫妻反目。

译文 轮与轴相脱，夫妻离异。比附道不合，不相与谋。

《象》曰："夫妻反目"，不能正室也。

译文 《象传》说："夫妻反目"，不能使家庭合于正道。

六四：有孚，血去惕出，无咎。

译文 "六四"唯一的阴爻，成为五阳爻前进阻力，担心受伤害，但阴爻柔顺，又阴位得正，因而能够避免伤害与忧惧。所以，心地诚信，就可以远离"血""惕"，不会有灾祸。

《象》曰："有孚"、"惕出"，上合志也。

译文 《象传》说："有孚"、"惕出"，向上要与君王合心。

九五：有孚挛如①，富以其邻。

译文 "九五"至尊中正，具有实力，可以协助相邻的两爻。因而，只要排除私欲，有携手共进的诚信，不但自己富有，也要使邻居富有。

《象》曰："有孚挛如"，不独富也。

译文 《象传》说："有孚挛如"，不是一人独富。

上九：既雨既处，尚德载，妇贞厉，月几望，君子征凶②。

注释 <<<
①挛如：手握扰意。
②征与"行"同。雨是阴阳和谐的现象。处是安居、停止不前的现象。"妇""月"都属于阴。载：满。望：满月。

译文 到达"上九"已是蓄积的极点,"六四"的阴,以诚信与五阳精诚团结,共同蓄积力量,已经功德圆满,受到五阳的尊敬;但阴本来应当服从阳,阴极盛,已凌驾阳之上,处于蓄养五阳的地位,则是反常现象。以人事比拟,就像妻压制夫,虽然和谐、用心正当,结果也危险。雨下了又停,现状和谐美满,妇女占问有危险,当近满月时,月亮匹敌太阳;阴盛极时,就与阳抗衡。君子就不得不出走,所以凶。

> 《象》曰:"既雨既处",德积德载也。"君子征凶",有所疑也。

译文 《象传》说:"雨下了又停",说明阴柔的力量已经积蓄到了完满的程度。"君子出行有危险",是因为有所疑惑。

评点 《小畜》卦讲的是成大事要从蓄小积微做起的道理。卦辞讲如果一点一滴地积聚力量,也算顺利。力量积蓄得不足,就如同天上布满了云,但雨却下不来,雨下不来,是没有作为,不能恩泽四方,所以要积蓄。初六强调的是实力不强时,遇到阻碍,不宜有所作为,要退一退,回到自己原来的位置,以求自保,以图发展;九二爻辞进一步讲如果有助手,朋友相帮,就会更好克服困难;为避免"夫妻反目",就要像六四爻辞说的那样:为人诚实,讲信义。并做到九五爻辞说的"富以其邻",讲诚信,才能团结人,自身富有了,还能帮助别人富有,自然会得到拥护爱戴,即便这样,也不能轻举妄动,因为力量积蓄得还不够,所以"君子征凶"。

履【十】天泽履䷉

《履》①：履虎尾，不咥人，亨。

译文 踩到了老虎的尾巴，也不被咬，安然通行。象征小心谨慎可以亨通。

《彖》曰：《履》，柔履刚也。说而应乎乾，是以"履虎尾，不咥人。""亨"。刚中正，履帝位而不疚，光明也。

译文 《彖传》说：履，是下兑踩上乾，以阴爻的柔踩在阳爻的刚上，和悦地与上乾呼应着，因此"履虎尾，不咥人"是通顺的，阳爻居上乾中间的阳位，是阳刚之爻得中得正，践在帝位而不内疚，是光明的。

初九：素履，注，无咎。

译文 穿着朴素的鞋子出门，没有害处，意为不被富贵诱惑，我行我素，所以不会有过失。

《象》曰："素履"之"德"，独行愿也。

译文 "素履"之"德"，象征着以纯洁的行为办事，能独立实现自己的愿望。

九二：履道坦坦，幽人贞吉。

译文 行走在平坦的大道上，隐居的人占卜是吉的。

《象》曰："幽人贞吉"，中不自乱也。

译文 《象传》说："幽人贞吉"，是因为他们心中不自乱。

六三：眇能视②，跛能履，履虎尾，咥人，凶。武人为于大君③。

注释 <<<
①履：践履、履行。
②眇：偏盲。能：通"而"。
③为：有作为。

乾上

兑下

注释 <<<
①愬愬：恐惧的样子。
②夬：果决。
③考：考察，审视。祥：祸福。旋：周旋，返回。

译文 ☯ "六三"阴爻阳位不正，就像只有一只眼睛，能看但看不清楚，跛了一只脚，能走却走不安稳，终于踩到老虎尾巴，以致被咬伤。又像"武人"对于"大君"企图叛乱，终于失败。当然凶。

> 《象》曰："眇能视"，不足以有明也；"跛能履"，不足以与行也；"咥人"之"凶"，位不当也；"武人为于大君"，志刚也。

译文 ☯ 《象传》说："眇能视"，不能够称为明察，"跛能履"，不能够称为能走；"咥人"之"凶"，是因为六三的位置不当，也就是地位与能力不相称。"武人为于大君"，是他太过于自信了。

> 九四：履虎尾，愬愬①，终吉。

译文 ☯ "九四"阳爻阴位不正，但柔顺，就像踩到老虎尾巴，却戒慎恐惧，能够避免伤害，所以最终吉祥。

> 《象》曰："愬愬终吉"，志行也。

译文 ☯ 《象传》说："愬愬终吉"，是因为志愿能够实现。

> 九五：夬履②，贞厉。

译文 ☯ "九五"阳爻阳位，至尊，刚强果决；下卦"兑"为和，象征"九五"以下，唯命是从，所以造成"九五"独断独行，肆无忌惮。这样，即或动机纯正，仍然危险。

> 《象》曰："夬履，贞厉"，位正当也。

译文 ☯ 《象传》说："夬履，贞厉"，是因为位子正，才能相称，而所用者不当造成的。

> 上九：视履考祥，其旋元吉③。

译文 ☯ 行为审慎，考虑周到，践履圆满，大吉大利。

《象》曰："元吉"在上，大有庆也。

译文 《象传》说："元吉"在上，大有吉庆。

评点 《履》卦指践履，亦即行动。告诫人们行为纯洁，胸怀坦荡，践危地而恐惧，虽危无害，行动审慎，考虑周详，则大吉。初六爻辞说采取行动的时候，按照自己的初衷，不受干扰地向前走，一心一意地按照自己的志向去做，就能把想做的事情做好，九二爻辞强调在顺利的情况下做事情，依然要头脑冷静，不可虚浮，不可张扬、显露，否则如六三爻所说逞能不行，光凭勇气也不行，即"眇能视，跛能履，履虎尾，咥人，凶"；只能如九四爻辞："履虎尾，愬愬，终吉"，面临危险而恐惧，知道危险的所在和危险的严重性，这样，就能想方设法，避免伤害，安全逃脱。在危险中感到恐惧的人不是胆小不勇敢，而是智慧的表现。同时又如九五告诫的那样，做事情不能不考虑条件而一意孤行，应该随时调整，不断审视，考虑周到，才能大吉大利。

泰【十一】地天泰䷊

《泰》：小注大来，吉，亨。

译文 "小"指阴，"大"指阳，"往"是往外，"来"是入内，坤到外卦是小往，乾来内卦是大来。相当于天地相交，所以吉祥，亨通。

《象》曰："《泰》：小注大来，吉，亨。"则是天地交而万物通也，上下交而其志同也。内阳而外阴，内健而外顺，内君子而外小人。君子道长，小人道消也。

译文 《象传》说："《泰》：小往大来，吉，亨"。这是天地相交，万物相通，上下相交，思想统一。阳在内而阴在外，内卦是乾卦的刚健，外卦是坤卦的柔顺，乾卦象征君子，坤卦象征小人，君子正气在增长，小人邪气在消亡。

注释 <<<
①茹：根相连意。以：
与、汇：类。
②包：包容。荒：污秽。
冯河：即"暴虎冯河"，
遇到虎，徒手搏击，遇
到河，泅水渡河，比附冒
险行事。遐：远。中行：即
"中庸"。
③陂：水旁或山旁较陡
的地方。
④恤：忧虑。食：享用俸
禄。

《象》曰：天地交，《泰》。后以财成天地之道，辅相天地之宜，以左右民。

译文 🌓　《象传》说：天地相交，是《泰》卦。君王观此卦象，就去制定符合天地自然的规律，辅助天地自然的所宜，来支配人民。

初九：拔茅茹，以其汇，征吉①。

译文 🌓　要拔除茅草，必须将根部相连在一起的同类全部拔起。象征同志间的团结，向外求发展，是吉祥的。

《象》曰："拔茅征吉"，志在外也。

译文 🌓　《象传》说："拔茅征吉"，志向在于向外发展。

九二：包荒，用冯河，不遐遗，朋亡，得尚于中行②。

译文 🌓　"九二"位柔，即外柔内刚。所以，对外能够包容，但有时也用泅水渡过大河的果敢手段，不遗弃朋友、无收获，也符合中庸原则。

《象》曰："包荒，得尚于中行"，以光大也。

译文 🌓　《象传》说："包荒，得尚于中行"，是因为光明正大。

九三：无平不陂③，无注不复，艰贞，无咎。勿恤其孚，于食有福④。

译文 🌓　"九三"到达三阳爻最上方，因而，以没有平坦的、无不是起伏的，没有只往不返的情形来比拟，体认在艰难困苦中，要坚守纯正，才不会有灾祸。这样，应当得到的当会得到，自然在生活上就会幸福。

《象》曰："无注不复"，天地际也。

译文 ☯ 《象传》说："无往不复"，这是天地的法则。

注释 <<<
①翩翩：相从下降的样子。以：与。
②帝乙：商代帝王，纣王之父。归：出嫁。祉：福。
③隍：城下的濠沟。

> 六四：翩翩不富，以其邻，不戒以孚①。

译文 ☯ 像鸟飞翔，轻率冒进，丧失实力。不过六四阴爻阴位，得正，能够得到近邻"六五"的信任，不必提出警告。

> 《象》曰："翩翩不富"，皆失实也。"不戒以孚"，中心愿也。

译文 ☯ 《象传》说："翩翩不富"，都是失去财物，"不戒以孚"是心中的愿望。

> 六五：帝乙归妹，以祉元吉②。

译文 ☯ "六五"尊位，阴爻得中，柔顺，又与"九二"相应，是天子将妹妹下嫁给属下有力量的人物的形象，当然吉庆。

> 《象》曰："以祉元吉"，中以行愿也。

译文 ☯ 《象传》说："以祉元吉"，中正来按愿望行事。

> 上六：城复于隍③，勿用师。自邑告命，贞吝。

译文 ☯ 城墙倒塌在护城濠里，不可动用武力，从邑里传来命令，占卜不利。

> 《象》曰："城复于隍"，其命乱也。

译文 ☯ 《象传》说："城复于隍"，这是邑中传来的命令错乱了。

坤上

乾下

评点 《泰》卦，乾下坤上，天气向下，地气上升，天地气交，万物生成；君子进用，世道方亨，所以泰。《泰》有通达、安宁的意思。从卦爻辞看，"小往大来"，小的去了，大的来了，是兴旺的气象，像拔茅茹，也很顺利，即便冒险行事，如徒步过河、空手搏虎之类亦能"得尚于中行"，但事物是可以转化的，过了头，顺利的也可转化为艰难，所以爻辞中有"不富以其邻，不戒以孚"，"城复于隍，勿用师，贞吝"等词语，表明由顺转为艰难，这是《泰》卦高明的地方，提出了顺与难相互转变的观念。尤其是九三爻辞提出了著名的命题："无平不陂，无往不复。"具有朴素的辩证观点，弥足珍贵，给人深刻的启迪，很不简单。其他如"财成天地之道，辅相天地之宜"，不仅认为人要顺从自然，还要发挥人的主观能动性，合于天地之道与天地之宜。今天读来，仍具有极大的现实意义。居安思危，顺能转化为艰难，泰极否来，这是《泰》卦的最大启示。

否【十二】天地否

《否》：否之匪人[①]，不利君子贞，大往小来。

译文 阴阳不相交，万物不生长，对君子的正直不利，即或坚守正道，也得不到任何利益。小人得势，君子被排斥。

《象》曰："否之匪人，不利君子贞，大往小来。"则是天地不交而万物不通也，上下不交而天下无邦也。内阴而外阳，内柔而外刚，内小人而外君子。小人道长，君子道消也。

译文 《象传》说："否之匪人，不利君子贞，大往小来。"表示天地不相交，万物不相通，君臣隔绝不交感，国家将要衰微灭亡。内卦为阴而外卦为阳，内卦柔顺而外卦刚健。小人在内而君子在外，是小人邪气上升，君子正道消退了。

《象》曰：天地不交，否。君子以俭德辟难，不可荣以禄。

译文 《象传》说：天地不相交，这是《否》卦的卦象。君子观此卦象，就要用崇尚俭德的隐退来避开祸难，不要以利禄为荣。

初六：拔茅茹，以其汇，贞吉。亨。

注释 <<<
①否：有闭塞意。

译文 拔草除根，连及同类芜草一并剪除，告诫君子应当团结，坚守纯正，就可以吉祥亨通。

注释 <<<
①包承：包容、承受意。
②群：群小。
③畴：同类。
④休：休息、休止。
⑤苞：丛生。

《象》曰："拔茅贞吉"，志在君也。

译文 《象传》说："拔茅贞吉"，立志在为君主。

六二：包承①。小人吉，大人否。亨。

译文 "六二"阴柔，居中位，阴爻阴位得正。虽然是小人，知道包容，对小人吉祥，对大人来说闭塞，但最终亨通。

《象》曰："大人否，亨"，不乱群也②。

译文 《象传》说："大人否，亨"，大人和群众不相乱，所以终于通顺。

六三：包羞。

译文 心怀羞辱。"六三"阴爻阳位，不正。

《象》曰："包羞"，位不当也。

译文 《象传》说："包羞"，是所处的爻位不正。

九四：有命无咎，畴离祉③。

译文 时机成熟，没有灾祸，但要与"九五"同心协力，才会是福。

《象》曰："有命无咎"，志行也。

译文 《象传》说："有命无咎"，是志向得以实现了。

九五：休否④，大人吉。其亡其亡，系于苞桑⑤。

译文 🌀 "九五"阳刚,中正,可打消闭塞,这是大人物才能做到的,所以吉。但要时刻警惕,才能像根连结在一起的桑木一样,确保安全。

> 《象》曰:"大人",之"吉",位正当也。

译文 ☯ 《象传》说:"大人"之"吉",是因为位置得当。

> 上九:倾否,先否,后喜。

译文 🌀 "上九"为否的终了。物极必反,"上九"又阳爻刚毅,足以使闭塞气运倾覆,所以说,先闭塞,后喜悦。

> 《象》曰:"否"终则"倾",何可长也?

译文 ☯ 《象传》说:闭塞到了最后就会结束,哪里又能长久呢?

评点 🌀 《否》卦,乾上坤下,天地不相交、闭塞的意思。这一卦紧承《泰》卦,泰极而否来,讲的是由安泰到混乱,由通顺到闭塞,小人势长,君子势消的情形。小人得势,不会政通人和,君子也是难于有所作为的,这种时刻君子做什么事情总是失去的多而得到的少,甚至还会受到陷害,所以初六告诫人们要坚守正道,不要与得势的小人同流合污,也不要只图眼前利益;六二爻辞的"大人否亨"看似矛盾,"否"怎么又"亨"呢?其实这正是该卦的深刻之处:正人君子受排挤,得不到重用,甚至会有灾祸,这时候,怎么办?要坦然对待,不计较个人的一时荣辱,把目光放远些,最终定能通顺,定能如九五爻辞所说:"休否,大人吉",一旦打通闭塞,除去小人,正人君子当然吉祥了。《否》卦的另一深刻的地方是上九爻辞:"倾否,先否后喜。"我们知道,一般来说最上边的爻辞大多表示的是凶险的,而该卦却说使闭塞倾覆,先闭塞,后喜悦,表达了否极泰来的观念,具有朴素的辩证观点。

同人【十三】天火同人

《同人》：同人于野，亨，利涉大川，利君子贞。

译文 在旷野中集合群众，象征范围广阔，即世上人都和同，所以一切亨通。像有利于涉过大川一样，能够冒险犯难，也有益于君子的事业。

《彖》曰：《同人》，柔得位得中，而应乎乾，曰《同人》。《同人》曰："同人于野，亨，利涉大川"，乾行也。文明以健，中正而应，"君子"正也。唯君子为能通天下之志。

译文 《彖传》说：《同人》卦，阴爻六二居于下离中间是得中得正，又与上乾九五相应，这就是《同人》的卦象。《同人》说："同人于野，亨，利涉大川。"这是上乾的行为。离的光明加上乾的刚健，六二得中得正又与九五相应，这是君子的正道。只有君子能够通晓天下臣民的志愿。

《象》曰：天与火，《同人》，君子以类族辨物。

译文 《象传》说：上乾的天与下离的火形成《同人》。君子观此卦象，用来分析事物的种类，辨别事物的情况。

初九：同人于门，无咎。

译文 聚众人于门口，不会有过失。

《象》曰：出门同人，又谁咎也？

译文 《象传》说：走出门口与众人打成一片，又会对谁有害处呢？

六二：同人于宗①，吝。

译文 "六二"中正，但因其只在宗族中交往，所以说有羞辱。

乾上

离下

注释 <<<
①宗：宗族。

注释 <<<
①戎：军队。莽：草丛。
②安行：安可行。
③墉：高墙。克：能。
④号咷：哭叫。

《象》曰："同人于宗"，吝道也。

译文 　《象传》说："同人于宗"，是有困难的。

九三：伏戎于莽①，升其高陵，三岁不兴。

译文 　在草丛中设伏兵，并登高观察，多年也不能取胜。

《象》曰："伏戎于莽"，敌刚也。"三岁不兴"，安行也②？

译文 　《象传》说："伏戎于莽"，因为敌人太强大。"三岁不兴"，怎能有行动？

九四：乘其墉，弗克攻，吉③。

译文 　"九四"刚强，不中，不正，与"初九"不相应。想要登墙攻击，忽然省悟，停止了攻击，所以，占断仍吉祥。

《象》曰："乘其墉"，义"弗克"也。其"吉"，则困而反则也。

译文 　《象传》说："乘其墉"，从道义上应该停止攻城，他的吉，那是敌方受困，我方回到道义原则上，不去进攻。

九五：同人，先号咷而后笑④。大师克相遇。

译文 　与人和同亲近，先哭泣后欢笑，因为大军战胜了敌人，两支部队会师。

《象》曰："同人"之"先"，以中直也。"大师相遇"，言相"克"也。

译文 　《象传》说："同人"的"先……"，因为作战是正义的。"大师相遇"，说战胜了敌人。

上九：同人于郊，无悔。

译文 🌓　聚众在郊外，没有悔恨。

《象》曰："同人于郊"，志未得也。

译文 🌓　《象传》说："同人于郊"，是志愿没有实现。

评点 ☯　《同人》卦，从卦爻辞上看，指聚众出征。卦辞指聚众于野，为出征做准备。初九爻辞："同人于门"，聚众于门口，"无咎"；六二爻辞"同人于宗"，聚众限于宗族，有困难，看出出征聚众，不能限于"门口"、"宗族"。再写出征、写伏击战，因敌强而不能胜。又写攻城战，攻破城墙，又因不义而停止进攻，再写先败后胜。讲到了出征作战的方方面面。这其中，《同人》卦重点强调了"同心"，即"同人"不仅仅是聚众，还要和人"同心"，"柔得位得中而应乎乾"，"得位得中"指正确；"应乎乾"，指与乾相应，也就是同心。"君子正也"，也指的是正确；"唯君子能通天子之志"，也指的是同心。可见，《同人》卦已触摸到了战争胜利的根本在于得人心，得人心者得天下。并注意到了战争的正义性，指出统治者要同天下人民的意志相通，这更是有意义的见解。

　大有【十四】火天大有䷍　

《大有》：元亨。

译文 🌓　大通顺，无往不利。

《象》曰：《大有》，柔得尊位大中，而上下应之，曰《大有》。其德刚健而文明，应乎天而时行，是以"元亨"。

译文 🌓　《象传》说：《大有》，是柔顺的阴爻"六"居于"五"这个尊贵的位置，处于大中，上下五阳爻都与它相应，这是《大有》的卦象。乾下刚健，离上文明，它的德是刚健文明。上离顺应着下乾而按时运行，所以大通顺。

《象》曰：火在天上，《大有》。君子以遏恶扬善，顺天休命。

译文 《象传》说：上离的火在下乾的天之上，是《大有》卦。君子看到这个卦象就去遏制罪恶的事情，发扬善良的行为，顺着天意，求得命运美好。

初九：无交害①，匪咎，艰则无咎。

译文 "初九"阳爻处下位，又与"九四"不相应，象征在起步阶段，不会大有收获，但人与人交往间无侵害，不是过失，即便身处艰难，也不会发生过失。

《象》曰：《大有》初九，无交害也。

译文 《象传》说，《大有》初九，没有互相损害。

九二：大车以载，有攸往，无咎。

译文 "九二"阳刚，得中，与"六五"相应。象征得到信任，就像装载在大车中，不论前往何处，也没有灾祸。

《象》曰："大车以载"，积中不败也。

译文 《象传》说："大车以载"，东西堆积在车中不会损失。

九三：公用亨于天子，小人弗克。

译文 "九三"阳爻阳位得正，对待"六五"报效知遇，就像公侯朝见君王，赐给饮食，得到礼遇，对小人来说，这是无法得到的恩宠。

《象》曰："公用亨于天子"，小人害也。

译文 《象传》说："公用亨于天子"，小人如果参与，将是国家的祸害。

离上

乾下

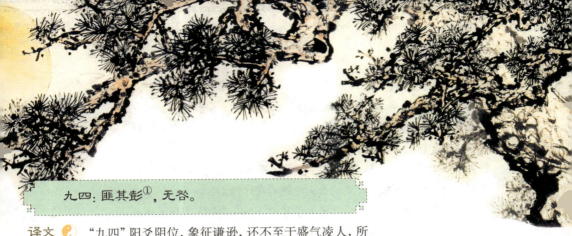

九四：匪其彭①，无咎。

译文 🔯 "九四"阳爻阴位，象征谦逊，还不至于盛气凌人，所以不会发生灾祸。

《象》曰："匪其彭，无咎"，明辨皙也。

注释 <<<
①彭：盛大。
②厥：其。孚：信。交如：相交。威如：威的样子。

译文 🔯 《象传》说："匪其彭，无咎"，是明白地辨析问题，达到了明智的程度。

六五：厥孚交如，威如；吉②。

译文 🔯 "六五"阴爻，柔顺，中位，与"九二"相应。象征统治者以诚待人，则不但得到臣民的诚信回报，而且人人敬畏信服，这样的威严是吉祥的。

《象》曰："厥孚交如"，信以发志也；"威如"之"吉"，易而无备也。

译文 🔯 《象传》说："厥孚交如"，是用诚信来表明他的志向。威严的吉利，是因为平易近人而没有戒备。

上九：自天祐之，吉，无不利。

译文 🔯 "上九"刚健，在最上位，通常物极必反，大多忧虞之象，然而，获得天的保祐，就会吉祥无往而不利了。

《象》曰：《大有》上"吉"，"自天祐"也。

译文 🔯 《象传》说：《大有》上九爻之所以吉利，是由于有天的保祐。

评点 ◎ 《大有》卦，火上天下，含有大丰收的意味，所以卦辞是"元亨"，即大通顺。初九爻辞也指农业，不互相损害，不是害。即使有艰难，能互相补助，也无咎；九二爻辞讲大丰收，用大车运载谷物，也是好的，九三讲天子设盛宴款待大臣；九四，"匪其彭"，指不以盛大凌人。六五指大丰收后，君主以诚待人，上九是说大丰收靠老天保祐。反映了农业的靠天吃饭的实际情形。

《易传》把《大有》卦扩大到了政治上，以"柔得尊位大中而上下应之"，"君子以遏恶扬善，顺天休命"，认为天也是遏恶扬善的，并提出了统治者要刚柔相济，"应乎天而时行"的应乎自然等思想观念。

 ## 谦 【十五】 地山谦

> 《谦》：亨，君子有终。

译文 ☯ 这一卦，内卦"艮"象征山、止，外卦"坤"象征顺、地。内心知道抑止，外表柔顺，这就是谦虚的态度。又是"艮"的山在"坤"的地下。本来山高地低，但高山将自己贬低到地的下面，也是谦虚的形象。所以说，谦虚可以亨通，君子最后能够成功。

> 《彖》曰：《谦》，"亨"。天道下济而光明，地道卑而上行。天道亏盈而益谦，地道变盈而流谦，鬼神害盈而福谦，人道恶盈而好谦。谦，尊而光，卑而不可踰，"君子"之"终"也。

译文 ☯ 《彖传》说：《谦》，亨通。天的规律是向下使万物成长，大地一片光明，地的规律是地位低下而地气上升，天的规律是使满盈受到亏损，使虚缺得到增补，地的规律是改变满盈现状，增益那虚缺的。鬼神是损害满盈而降福于谦逊的，人们是厌恶满盈而爱好谦逊的。谦逊的品德使处于尊位的更显光荣，使处于卑微的不可欺压。这就是君子获得好结果的原因。

> 《象》曰：地中有山，《谦》。君子以裒多益寡，称物平施。

译文 ☯ 《象传》说：外卦为坤为地，内卦为艮为山，地中有山，内高外卑，居高不傲，这就是《谦》的卦象。君子观此卦象，以谦让为怀，裁取多余的，增补不足的，权衡事物的轻重来公平施予。

初六：谦谦君子，用涉大川，吉。

注释 <<<
①㧑：挥，发挥。

译文 "初六"阴爻，柔顺，甘心居于下位，这样谦而又谦的君子，就是去像涉过大河那样冒险犯难，也会吉祥。

《象》曰："谦谦君子"，卑以自牧也。

译文 《象传》说："谦谦君子"，用谦卑来约束自己。

六二：鸣谦，贞吉。

译文 六二"阴爻阴位，得中。谦谦的品德，得到共鸣，所以纯正吉祥。

《象》曰："鸣谦，贞吉"，中心得也。

译文 《象传》说："鸣谦，贞吉"，因为六二之爻居下卦中位，是中正的心得到的。

九三：劳谦，君子有终，吉。

译文 "九三"阳爻阳位得正。辛劳而又谦虚，这样的君子，最后必然吉祥。

《象》曰："劳谦，君子"，万民服也。

译文 《象传》说："劳谦，君子"，令万民敬仰服从。

六四：无不利，㧑谦①。

译文 "六四"阴爻柔顺，阴爻阴位得正，又在上卦的最下位，象征谦卑，并且由于发挥谦让的美德，所以不会有不利。

《象》曰："无不利，㧑谦"，不违则也。

译文 《象传》说："无不利，㧑谦"，这样就不违反法则。

坤
上

艮
下

> 六五：不富以其邻①，利用侵伐，无不利。

注释 <<<
①以：与。
②邑国：私有领地。

译文 "六五"阴爻，柔顺，谦虚，在"五"的至尊的地位，象征以德服人。就同本身并不富有，却因为谦虚，得到邻居们的爱戴。像这种谦虚的统治者，用兵征伐，也不会不利。

> 《象》曰："利用侵伐"，征不服也。

译文 《象传》说："利用侵伐"，征伐不服从的国家。

> 上六：鸣谦，利用行师征邑国②。

译文 "上六"是谦卦的极点，赢得四方的共鸣与爱戴，在这种情势下，当然有利于用兵征讨邑国。

> 《象》曰"鸣谦"，志未得也。可"用行师"，征邑国也。

译文 《象传》说："鸣谦"说明心志还没有完全实现，可以出兵征讨邑国。

评点 《谦》卦，艮下坤上，艮为山，坤为地，山体高却处于大地之下，观其象，则人道也是这样，高能下，即卑己下人，这便是谦。卦爻辞进一步提出"谦谦君子"，即贵族大人要谦而又谦；"鸣谦"，有声望而谦；"劳谦"，勤劳而谦；"㧑谦"，发奋而谦，即不光要谦虚，还要有声望、勤劳、发奋而谦虚，这样的谦虚才值得称道，做到这些便大吉，大利。在对待侵略上不是光讲谦让，而是要"利用侵伐"，对于来犯之敌，要奋力抗击。同样"利用行师征邑国"，也是有利地用出兵来征伐邑国。《象传》的作者更是用天道、地道、人道来讲谦，尤其说"鬼神害盈而福谦"，用神道释谦，将谦的意义更加扩大了。又提出"谦，尊而光，卑而不可逾"，对位尊者谦则光荣，对位卑者谦则不可逾越，要坚守原则，否则便流于卑污了。纵观六十四卦，上三爻皆利，下三爻皆吉，这样讲吉利的卦，只有《谦》卦，可见《易经》对谦虚美德的尊崇。

豫【十六】雷地豫

《豫》：利建侯，行师。

译文 ☯ "坤"为顺，"震"为动，是愉快地追随行动的形象，有利于建立公侯的基业，有利于用兵。

《彖》曰：《豫》，刚应而志行，顺以动，《豫》。《豫》顺以动，故天地如之，而况"建侯行师"乎？天地以顺动，故日月不过，而四时不忒；圣人以顺动，则刑罚清而民服。《豫》之时，义大矣哉。

译文 ☯ 《彖传》说：《豫》，五个阴爻和应一个阳爻，比附强者能够实现自己的志向，下卦坤为地，意味着顺，上卦为震为雷，意味着动，《豫》卦的意义就是顺时而动。正因为《豫》卦是顺时而动，所以天地尚能随和其意，何况建国封侯、出兵打仗这类事呢？天地由于顺时而动，所以日月运行无误，四时循环没有差错。圣人由于顺时而动，因而刑罚清明，万民服从。《豫》卦的"顺时而动"的意义真是伟大啊！

《象》曰：雷出地奋，《豫》。先王以作乐崇德，殷荐之上帝，以配祖考。

译文 ☯ 《象传》说：雷出地动，震动万物，是《豫》卦。先王观此卦象，因此制作音乐尊崇功德，隆重地进奉给上帝，同时也献给祖宗。

初六：鸣豫，凶。

译文 ☯ "初六"阴爻阳位不正，是小人，与"九四"相应，象征自鸣得意，结果凶恶。

《象》曰："初六，鸣豫"，志穷"凶"也。

译文 ☯ 《象传》说："初六，鸣豫"，是胸无大志，意志消退的表现，必有凶险。

六二：介于石①，不终日；贞吉。

注释 <<<
①介：坚。于：如。

震上

坤下

译文 ☯ "六二"居中位，阴爻阴位得正，故中正。象征上下各爻都沉溺于欢乐之中，唯独它保持清醒，坚守中正，像石头般坚定不移。在一天中，随时慎思明辨，由于纯正，因而吉祥。

注释 <<<
①盱：仰视。
②由：自，从。盍：通"合"。簪：古代括束头发的首饰。

《象》曰："不终日，贞吉"，以中正也。

译文 ☯ 《象传》说："不终日，贞吉"，因为得到中正之道。

六三：盱豫①，悔。迟有悔。

译文 ☯ "六三"阴爻阳位，不正，不中。象征小人，仰视"九四"脸色，迎合其心意，得到安乐，不久会后悔，要省悟，若迟疑就真的要后悔了。

《象》曰："盱豫，有悔"，位不当也。

译文 ☯ 《象传》说："盱豫，有悔"，是所处位置不当，比附人之行事与所处地位不相称。

九四：由豫，大有得，勿疑，朋盍簪②。

译文 ☯ "九四"阳爻与上下各阴爻呼应，又得到"六五"君王信任，成为和乐的中心人物，所以大有所得，但不可猜疑，朋友才会前来聚合，得到协助。

《象》曰："由豫，大有得"，志大行也。

译文 ☯ 《象传》说："由豫，大有得"，是志向在很大程度上实现了。

六五：贞，疾，恒不死。

译文 ☯ "六五"阴爻柔弱，虽至尊，但下方有刚强的"九四"，所以情势危险，像是重病的人。要谨慎，坚守中庸原则，保持纯正，才能避免灭亡。

注释 <<<
①冥：黑暗、愚昧。渝：
变。

《象》曰："六五，贞吉"，乘刚也。"恒不死"，中
未亡也。

译文 ☯ 《象》曰："六五，贞吉"，是六五居阳九四之上，就叫
柔居于刚上。"恒不死"，是没有丧失中道。

上六：冥豫，成有渝，无咎①。

译文 ☯ "上六"阴柔，到达安乐极点。虽沉溺于安乐，但只要
改变心意，仍然不会有灾祸。

《象》曰："冥豫"，在"上"，何可长也？

译文 ☯ 《象传》说："冥豫"在上位，怎么可以长久呢？

评点 ☯ 《豫》卦的含义有多种，首先由卦象坤下震上，地下
雷上，春雷震于上，地下万物苏醒，比附为《豫》有悦乐之意；
其次坤顺而震动，得知《豫》卦要顺着自然而动；像"天地以顺
动"；由此进一步推导出第三点犹豫、预计的含义，也就是说
顺着自然而动，不致有误差，就有出现犹豫不决的情形，或需
要预计熟虑等等。卦辞"利建侯行师"，就是《豫》顺以动，是悦
乐的，初六爻辞："鸣豫凶"，鸣则有声，以悦乐出名，尽而享乐，
转为凶了。六二爻辞："介于石，不终日。"先是坚如
石，不终日就有所思而有所变，顺而动则归于
中正，就含有预计熟虑的含义。《象传》对
《豫》卦作了发挥，提出了"顺以动，故
天地如之"，即天地是顺着自然而动的，
所以，"日月不过而四时不忒"，圣人也
顺着自然而动，所以"刑罚清而民服"，
强调的是顺着自然而动的重要意义，反
之，违背自然而动就要失败。如"盱豫
有悔，位不当也"，处在六三的位置，媚上
以求悦乐，不是顺着自然而动，所以有悔了，
含有要按照客观规律办事的意思。

随【十七】泽雷随 ䷐

《随》：元，亨，利，贞，无咎。

 译文　　本卦是阳爻在阴爻之下的随从现象，象征自己虚心随和他人，他人也会来随和自己，能够相互随和，任何事情都会成功。所以占断为元始、亨通、有利、坚贞、没有灾祸。

《彖》曰：《随》，刚来而下柔，动而说，《随》。大"亨，贞，无咎"，而天下随时，随时之义大矣哉。

 译文　　《彖传》说：《随》卦，下卦为震为刚，上卦为兑为柔，这是阳刚居于阴柔之下；君王下礼臣民，臣民拥戴君王，君王有所举动，臣子乐于听从，所以卦名为《随》。大道顺，占问无害，天下万事在于随时而动，随时而动的意义重大啊。

《象》曰：泽中有雷，《随》。君子以向晦入宴息。

 译文　　《象传》说：震下兑上，雷入泽中，是《随》的卦象。君子观此卦象，从而领悟随时作息，到晚上则入室休息。

初九：官有渝，贞吉。出门交有功。

译文 官位有变动时，要坚守正道，才会吉祥。所以，出门与人交往必有功。

《象》曰："官有渝"，从正吉也。"出门交有功"，不失也。

译文 《象传》说："官有渝"，归从正道则是吉利的。"出门交有功"，不会失误的。

六二：系小子，失丈夫①。

译文 "六二"紧随"初九"，以致失掉与其相应的丈夫"九五"。与小子发生关系，必然失掉丈夫，这是恶事。

《象》曰："系小子"，弗兼与也。

译文 《象传》说："系小子"，是因为不能同时兼得，只能得到"小子"。

六三：系丈夫，失小子。随有求得，利居贞。

译文 丈夫指"九四"，小子指"初九"。象征没有丈夫的妇人，心中喜爱壮年人，因而失去了年轻的男友，追随刚强有力的人，虽然有利，但动机必须纯正。

注释 <<<
①小子：年轻人。丈夫：成年人。

兑上

震下

《象》曰："系丈夫"，志舍下也。

译文 🌓 《象传》说："系丈夫"，是有意要舍掉"小子"。

九四：随有获，贞凶，有孚在道，以明，何咎？

译文 🌓 "九四"靠近尊位。有能力，可达到愿望，但如果以势欺君，即或忠贞，也有危险。不过，心存诚信，不离正道，明哲保身，还会有什么灾祸呢？

《象》曰："随有获"，其义凶也。"有孚在道"，明功也。

译文 🌓 《象传》说："随有获"，它的含义是凶的。"有孚在道"，这是明察事理的结果。

九五：孚于嘉①，吉。

注释 <<<
①嘉：善。

译文 🌓 "九五"阳爻阳位得正，得中，又与"六二"相应，孚与善随和，可以信赖，非常吉祥。

《象》曰："孚于嘉，吉"，位正中也。

译文 🌓 《象传》说："孚于嘉，吉"，是本爻居于中正之位。

上六：拘系之，乃从维之。王用亨于西山①。

注释 <<<
①拘：拘束。从：重叠。维：维系。西山，指岐山，在周都西方。亨：与"享"相同，祭祀的意思。

译文 ☯ "上六"阴柔，已经达到追随的极限，向上再也找不到出路，在下有"九五"、"九四"重重维系，关系所以这样巩固，必然是出自诚信。所以，用周王祭祀西山的至诚来象征，诚可以通神，更何况是人。

《象》曰："拘系之"，上穷也。

译文 ☯ 《象传》说："拘系之"，是因为处于穷困境地。

评点 ☯ 《随》卦，震下兑上。震为动，兑为悦，内动之以德，外悦之以言，天下人都敬慕他的品行而随从他。所以《随》卦就是随从的意思。"初九，出门交有功"，是说相随出门，有交往，就有功，尤其是在"官职有变化"时，更要相随出门而有所交往，当然，这当中要"贞"才"吉"，即坚守正道方吉祥，歪门邪道则不能"有功"。六二爻辞中的"小子"、"丈夫"是借指，"小子"可理解为地位不高的年轻人，"丈夫"指有一定官职和影响的人物，究竟是"系小子"还是"系丈夫"，"随从"谁，则依情形来权衡，方可"随有获"。这里最重要的是"有孚在道"，即讲诚信，守信用，心地坦荡，才会"孚于嘉，吉"，即由于诚信而受到嘉奖，这意味着得到"九五"这样的"大人"的赞许和信任，其实是随从领导"随"出了结果，当然是吉祥的。

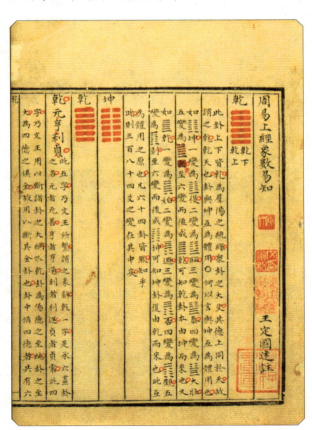

蛊【十八】山风蛊

《蛊》：元亨，利涉大川，先甲三日，后甲三日。

译文 "蛊"是皿中的食物腐败生虫。甲的前三日为辛，同新、自新意，甲的后三日为丁，叮咛意。大通顺，值得像涉大川那样去冒险，同时应以自新精神，反复思考，小心从事。

《彖》曰：《蛊》，刚上而柔下，巽而止，《蛊》。《蛊》"元亨"，而天下治也。"利涉大川"，往有事也。"先甲三日，后甲三日"，终则有始，天行也。

译文 《彖传》说：《蛊》卦，是阳刚的艮卦在上面，阴柔的巽卦在下面，巽柔顺而静止，就是《蛊》卦。《蛊》卦，大通顺，能使天下得到治理。"利涉大川"，是向前会有所作为的。"先甲三日，后甲三日"，是结束了又开始，这是天道运行的规律。

象曰：山下有风，《蛊》。君子以振民育德。

注释 <<<
①考：指父。

译文 《象传》说：本卦的上卦为艮为山，下卦为巽为风，所谓山下有风，就是《蛊》的卦象，君子观此卦象，因此教化万民，培育他们的品德。

初六：干父之蛊，有子考①，无咎，厉终吉。

译文 有能干的儿子，重振家业，使父无灾祸，始有难，终吉祥。

《象》曰："干父之蛊"，意承考也。

译文 《象传》说："干父之蛊"，意思是继承父亲的遗志。

九二：干母之蛊，不可贞。

译文 "九二"阳刚中位，象征有才干的儿子，儿子为母亲的失败善后，不可过分谴责，应和缓地劝告。

艮
上

巽
下

《象》曰："干母之蛊"，得中道也。

译文 《象传》说："干母之蛊"，因为得到了中正之道。

九三：干父之蛊，小有悔，无大咎。

译文 "九三"阳爻阳位，过于刚强，这样为父亲的失败善后，难免会有急躁过分的情形，因而多少会懊悔。但动机纯正，结果就不会发生大的过失。

《象》曰："干父之蛊"，终无咎也。

译文 《象传》说："干父之蛊"，最终没有过失。

六四：裕父之蛊①，往见吝。

注释 <<<
①裕：宽容。

译文 "六四"柔爻柔位，这种性格为父失败善后会过于宽大，会自取羞辱。

《象》曰："裕父之蛊"，往未得也。

译文 《象传》说："裕父之蛊"，施行中没有很大的收获。

六五：干父之蛊，用誉。

译文 "六五"阴爻至尊，中位，又与"九二"相应。象征可继承父亲的事业，会使声誉日隆。

《象》曰："干父用誉"，承以德也。

译文 《象传》说："干父用誉"，是说要用良好的品德来继承。

> **上九**：不事王侯，高尚其事。

译文 🈚 "上九"阳爻在"上位无位"的位置，又在这一卦的最外面，象征淡泊，置身于事外。亦即"上九"是刚毅的隐士，将浮世看成过眼云烟，孤高并以自己的方式生存，不为王侯做事。

> 《象》曰："不事王侯"，志可则也。

译文 ☯ 《象传》说，"不事王侯"，这种志向可以作为法则。

评点 💠 《蛊》卦，巽下艮上，风下山上，巽为阴为柔，为顺，艮为止，所以《蛊》卦的意思是顺而止。"蛊"字有毒害、蛊惑、欺骗的意思，所以《蛊》卦又有变革其事的含义。卦辞强调要像涉大川那样冒险采取变革的行动，事业才能得以大通顺。初六爻辞提出承父业要善于纠正父之过错，坚持到底则吉祥；九三可能操之过急，"小有悔"最终无大过；六四在纠正父亲的过错时，太宽容，再继续下去就会自取羞辱；到了六五爻时，经过前面的努力，则可发展父亲的事业而大有作为，"用誉"，声誉日隆之意，说明父亲的过错已得到完全的纠正。这一卦，提到子承父业中，如何对待父亲（母亲）的过错的问题，很值得人们深思，《蛊》卦强调对于父过是要变革纠正的。其实"父"、"母"可做实，如上分析，亦可将其理解为在上统治者，变革父过，实为变革"君过"，变革社会。

临【十九】地泽临

《临》：元亨利贞，至于八月有凶。

译文 　下卦"兑"是悦的意思，上卦"坤"是顺。愉悦而顺从所以具有"元亨利贞"四德。临代表十二月，阳渐渐成长，但到了八月，阴盛阳衰，就可能有凶险。

《彖》曰：《临》，刚浸而长，说而顺，刚中而应。大"亨"以正，天之道也。"至于八月有凶"，消不久也。

译文 　《彖传》说：《临》卦，是下兑的两个阳爻的阳刚之气在逐步向上升，态度和悦而温顺，九二阳爻居于下兑中间与上坤六五阴爻相应。大为亨通在于坚守正道，这是天的规律。"至于八月有凶"，是阳气消散，不能长久的缘故。

《象》曰：泽上有地，《临》。君子以教思无穷，容保民无疆。

译文 　《象传》说：本卦下卦为兑为泽，上卦为坤为地，泽上有地，这是《临》卦的卦象。君子观此卦象，从而懂得最大限度地教化人民和关心百姓，最大限度地包容和保护百姓。

初九：咸临①，贞吉。

译文 　"初九"与"六四"阴阳相应。用感化的方式治民，纯正吉祥。

《象》曰："咸临，贞吉"，志行正也。

译文 　《象传》说："咸临，贞吉"，是因为品行很端正。

九二：咸临②，吉，无不利。

译文 　"九二"与"六五"阴阳相应。阳爻得中，以温和的方式治民，所以吉祥，没有不利。

注释 <<<
①咸：感。
②咸：同"诚"，"和"的意思。

〇六三

注释 <<<
①知：即"智"。
②敦：厚。

《象》曰："咸临，吉，无不利"，未顺命也。

译文 《象传》说："咸临，吉，无不利"，是说百姓还没有顺从听命。

六三：甘临，无攸利，既忧之，无咎。

译文 "六三"阴爻，不中不正，又居高位，是下卦"兑"的主体，有"悦"意，象征以甜言蜜语的和悦态度为饵，领导众人，当然不利，但能觉悟，认识到危险性，能戒慎就可避免灾祸发生。

《象》曰："甘临"位不当也。"既忧之"，咎不长也。

译文 《象传》说："甘临"，是像六三阴爻居阳位一样，君王不称职。"既忧之"，是说灾祸不会长久。

六四：至临，无咎。

译文 "六四"阴爻阴位，得正，能亲自理国治民，所以没有灾祸。

《象》曰："至临，无咎"，位当也。

译文 《象传》说，"至临，无咎"，是像六四阴爻居阴位一样，君王称职。

六五：知临①，大君之宜，吉。

译文 "六五"至尊，阴爻柔顺，中位，与"九二"阴阳相应。象征以智慧监临，对君王来说，这是最适宜的态度，因而吉祥。

《象》曰："大君之宜"，行中之谓也。

译文 《象传》说："大君之宜"，正如六五爻居上卦中位一样，大君行事得中正之道。

上六：敦临②，吉，无咎。

坤上

兑下

译文 用敦厚之道治民，吉祥，没有灾祸。

> 《象》曰："敦临"之"吉"，志在内也。

译文 《象传》说："敦临"的"吉利"，是因为敦厚的志向存于内心。

评点 ✿ 《临》卦，下兑上坤，讲的是君王领导的方法和策略。"临"是从高处往低处看，引申为领导。卦辞讲执掌领导大权时，一定要坚守正道才会顺畅通达，强调"教思无穷，容保民无疆"。初六强调治民要用感化方式；九二则强调用温和的方法来治民。也有爻辞讲"忧民"，讲统治者要躬亲、明智、敦厚，这对后世儒家学说影响很大，《象传》"志行正也"，与孔子所说"政者正也"思想是一致的。所以，《临》卦反对执政者用甜言蜜语，欺骗人民，如"甘临，无攸利"。这些思想对今天的领导者来说，仍具有现实指导意义。

观 【二十】 风地观䷓

《观》：盥而不荐，有孚颙若①。

注释 <<<
①观：展示与仰观的意思。盥：在祭祀前洗手。荐：将祭品奉献。颙：严正、温恭。若：与"然"同，颙若：尊敬仰慕的意思。

译文 卦辞以祭祀为比附，说在祭祀之前洗手的时候，要像尚未举行奉献祭品同样的忠诚严正，才能在人的心目中建立信仰，被恭敬仰慕。亦即要像祭祀般忠诚，不可轻率行动，才能使人信仰尊敬。

> 《象》曰：大观在上，顺而巽，中正以观天下，《观》。"盥而不荐，有孚颙若"，下观而化也。观天之神道，而四时不忒；圣人以神道设教，而天下服矣。

译文 《象传》说：伟大的观卦在上面，温顺而又谦逊。六二和九五都以居中得正观察天下，这是《观》卦。"盥而不荐，有孚颙若"，是说天下人看到君王的虔诚而受到感化。观察到天的神秘规律，四时的运行有序而无差错；圣人用神秘的规律来建立教化，使天下人服从。

> 《象》曰：风行地上，《观》。先王以省方，观民，设教。

注释 <<<
①窥：窥视。观：由门缝中偷看。

译文 ☯ 《象传》说：本卦上卦为巽为风，下卦为坤为地，风行地上，吹拂万物，这是《观》卦的卦象。先王看到这个卦象从而巡视邦国，观察民情，布置教化。

> 初六：童观，小人无咎，君子吝。

译文 ☯ "初六"阴爻柔弱，在下位。象征没有才识，像幼稚的儿童。这样，对于"小人"（无知庶民）说，没有过失，但对君子来说是耻辱。

> 《象》曰："初六，童观"，小人道也。

译文 ☯ 《象传》说："初六，童观"，是小人的做法。

> 六二：窥观①，利女贞。

译文 ☯ "六二"阴爻对"九五"只能窥视，对妇女来说有利。

> 《象》曰："窥观女贞"，亦可丑也。

译文 ☯ 《象传》说："窥观女贞"，也是可丑的行为。

> 六三：观我生，进退。

译文 ☯ 观察自己的生存途径，决定进退。

> 《象》曰："观我生，进退"，未失道也。

译文 ☯ 《象传》说："观我生，进退"，是没有失去观察的方法。

> 六四：观国之光，利用宾于王。

译文 ☯ "六四"接近"九五"，故可观到君王的光辉，宾为仕人，"六四"柔顺，适合于辅佐君王，因而出仕朝廷有利。

> 《象》曰："观国之光"，尚宾也。

译文 ☯ 《象传》说："观国之光"，向上做朝廷的宾客。

> 九五：观我生，君子无咎。

译文 ☯ "九五"阳爻至尊，中位，下面有四个阴爻仰观，象征有德行的君王，应当反省观察自己的日常作为，坚守中正，就会没有灾祸。

巽上

坤下

> 《象》曰："观我生"，观民也。

译文 ☯ 《象传》说："观我生"，就是观察万民。

> 上九：观其生，君子无咎。

译文 ☯ "上九"阳爻，在尊位，象征高尚的士，仍被天下人观察，具有君子的德行，所以没有灾祸。

> 《象》曰："观其生"，志未平也。

译文 ☯ 《象传》说："观其生"，用意还未能辨明。

评点 ☯ 《观》卦的意思是观察。卦辞主要说在还没有决定做什么，只是在观察、观望的时候，要虔诚，要让人相信你，经过仔细观察，权衡利弊，再决定自己的进退，总之，在形势不明的情况之下，不要轻易表态。这里的"观察"，颇有"调查研究"的味道。爻辞讲到"童观"，是比较幼稚的意思，不能如儿童般天真、幼稚，一个胸怀大志的人观察事物应独具慧眼，善于发现一般人所看不见的东西。又讲到"窥观"，是指一孔之见，也要不得。爻辞还讲到观察什么，一是"观我生"，二是"观其生"，三是"观国之光"，观察自己的生存条件和环境，来决定是做官，是隐居，要审时度势，要有自知之明；观察他人的所作所为，可以引以为戒，看清发展的趋势；观察国家能够兴旺发达，要具有远见卓识。做到这些，君子就可以无咎了。

噬嗑【二十一】火雷噬嗑 ䷔

> 《噬嗑》：亨，利用狱。

译文 ☯ "噬嗑"：咬。除掉障碍就亨通。象征刑罚，即铲除构成碍障的不良分子，所以有利于刑罚。

> 《彖》曰：颐中有物曰《噬嗑》，《噬嗑》而"亨"。刚柔分，动而明，雷电合而章。柔得中而上行，虽不当位，"利用狱"也。

译文 ☯ 《彖传》说：口里有东西在咀嚼叫《噬嗑》。《噬嗑》亨通，下震的刚和上离的柔是分开的。下震运动，上离光明，下震的雷和上离的电合起来很灿烂辉煌，六二爻居下震中间，向上运动成为六五，虽然不当位，但却有利于诉讼、刑罚。

> 《象》曰：雷电，《噬嗑》。先王以明罚敕法。

译文 ☯ 《象传》说：雷电交合构成《噬嗑》卦，先王观此卦象从而修明赏罚，修正刑法。

> 初九：屦校灭趾①，无咎。

注释 <<<
①屦：脚上戴（刑具）。校：枷。

译文 ☯ "初九"要当于刑罚的开始，罪轻，刑罚只戴脚镣，伤到脚趾。这样，使人戒惧，不犯大恶，可以避免灾祸。

> 《象》曰："屦校灭趾"，不行也。

译文 ☯ 《象传》说："屦校灭趾"，不能行走。

> 六二：噬肤灭鼻，无咎。

译文 ☯ "六二"阴位，得正，得中，象征裁判公正。判处割掉鼻子，使它不敢越轨，没有灾祸。

> 《象》曰："噬肤灭鼻"，乘刚也。

离上

震下

译文 《象传》说："噬肤灭鼻"，是六二阴爻居于初九阳爻之上。

注释 <<<
①肺：有骨头的肉。
②何：同"荷"，负荷。

> 六三：噬腊肉，遇毒，小吝，无咎。

译文 "六三"阴爻阳位不正。象征优柔寡断，裁判不能顺利进行。就像吃腊肉中毒一样，会有小的艰难，但总算尚未酿成灾祸。

> 《象》曰："遇毒"，位不当也。

译文 《象传》说："遇毒"，是因为六三阴爻居阳位，位置不当。

> 九四：噬乾肺①，淂金矢，利艰贞，吉。

译文 "九四"近君位，相当于断狱的大臣，秉公断狱，不会一帆风顺，要不断清除障碍，就像啃骨头肉时，发现有折断的铜箭头，扔掉它，继续吃肉。在艰难中坚守正道有利，最后会吉祥。

> 《象》曰："利艰贞，吉"，未光也。

译文 《象传》说："利艰贞，吉"，是没有光明。

> 六五：噬乾肉，淂黄金，贞厉，无咎。

译文 "六五"阴爻柔顺，位于中位，至尊。象征君权，但断狱时要谨慎，就像吃干肉时发现肉中有细粒黄金一样，不小心咽下去，便有生命危险，说明履行正道，虽有危险，但终究无灾祸。

> 《象》曰："贞厉，无咎"，淂当也。

译文 《象传》说："贞厉，无咎"，是因为六五爻居位得当。

> 上九：何校灭耳②，凶。

译文 负荷枷锁，耳朵被割去，凶。

《象》曰:"何校灭耳",聪不明也。

译文 《象传》说:"何校灭耳",使听觉不清楚。

评点 《噬嗑》卦是讲刑罚的专卦。"噬嗑"是咬、咀嚼的意思,治理国家,就如咬东西一样,啃开难啃之物,这个过程就是除掉阻碍,破除"硬"的东西,也就是要用强有力的手段来处理国家,这个手段在今天用"刑罚"表述,拔高点便是依法治国,所以卦辞说亨通,用刑罚是有利的。爻辞则分别从"灭趾"、"灭鼻"、"灭耳"等方面写起,一是如实地反映了那个时代刑罚的残酷,二是看出《易经》作者的匠心,从"趾"到"鼻"到"耳",从下到上,从小到大,有惩戒的作用,即小的过失除掉"趾",让其改过,如若不改,则"灭鼻"、"灭耳"。逐渐加重惩处,这就是人们常说的"小惩大戒"。另外,从六五爻辞看,在执法过程中,要力排干扰,尤其涉及权门贵胄,咬到了难咬东西时,怎么办? 应坚守正道,始终不渝,方能吉祥无咎。

贲【二十二】山火贲

《贲》①:亨,小利有攸往。

注释 <<<
①贲:为饰意,即装饰。

译文 上卦艮为止,下卦离为光明,因而亨通,但只能小事前往有利。

《彖》曰:《贲》"亨",柔来而文刚,故"亨"。分,刚上而文柔,故"小利有攸往"。刚柔交错,天文也;文明以止,人文也。观乎天文,以察时变;观乎人文,以化成天下。

译文 《彖传》说:《贲》卦亨通。此卦下卦为离,为阴柔,上卦为艮为阳刚,所以是阴柔文饰阳刚,因此亨通。分别刚柔,刚为主而柔为辅,所以说"小利有攸往"。刚柔交错,这是天文;下离的文明遇上上艮的静止,是谓文明以止,这是人文。观察天文,可以察觉到时序的变化,观察人文,可以用来教化天下人。

《象》曰:山下有火,《贲》。君子以明庶政,无敢折狱。

注释 <<<
①濡如：像打湿般的光泽。
②皤如：指白色。
③翰如：快速。

译文 ☯ 《象传》说：本卦上卦为艮为山，下卦为离为火，山下有火，这是《贲》卦的卦象。君子观此卦象，就要效法，去处理好各项政事，但不敢判断狱讼。

> 初九：贲其趾，舍车而徒。

译文 ☯ "初九"阳刚甘心在下位，美化自己的行为，像穿着漂亮的鞋子，却不乘车，徒步而行。

> 《象》曰："舍车而徒"，义弗乘也。

译文 ☯ 《象传》说："舍车而徒"，不乘车是合宜的。

> 六二：贲其须。

译文 ☯ "六二"阴柔中正，与"九三"接近，一起行动，得以兴盛，像装饰下颚的胡须一样，与上颚一起行动。

> 《象》曰："贲其须"，与上兴也。

译文 ☯ 《象传》说："贲其须"，是指六二要跟着在上的阳爻一起行动。

> 九三：贲如濡如①，永贞吉。

译文 ☯ "九三"在两阴爻中间，被装饰得有光泽，但须永远坚守正道，才会吉祥。

> 《象》曰："永贞"之"吉"，终莫之陵也。

译文 ☯ 《象传》说："永贞"的"吉"，终没有谁侵凌他。

> 六四：贲如皤如②，白马翰如③，匪寇，婚媾。

译文 ☯ 打扮得纯洁白净，骑着白马快速前往，并非是盗寇，不过是想求婚而已。

《象》曰："六四"，当位疑也。"匪寇，婚媾"，终无尤也。

译文 ☯ 《象传》说："六四"，爻位当位，心中有疑，"匪寇，婚媾"，终究没有过错。

注释 <<<
①戋戋：轻少的意思。

六五：贲于丘园，束帛戋戋①，吝，终吉。

译文 ☯ "六五"在中央，象征重视内在实质，就像不去装饰人人注目的都市，而去装饰内在朴实的山上林园那样，虽用束帛装饰未免轻少，有些困难，但最终仍吉祥。

《象》曰："六五"之"吉"，有喜也。

译文 ☯ 《象传》说："六五"之"吉"，是由于有喜庆的事。

上九：白贲，无咎。

译文 ☯ "上九"为极点，一切装饰由极端会返回一片空白的朴素面目。如果领悟到装饰的空虚，而恢复本来面目时，就会无咎。

《象》曰："白贲，无咎"，上得志也。

译文 ☯ 《象传》说："白贲，无咎"，是在上位的人得意。

艮上

离下

评点 ☯ 《贲》卦指文饰、装饰。卦辞讲美化自己的形象，有助于做事通达。初六爻辞为"贲其趾"，直译为美化自己的脚，其实不然，这是用"脚"来比附行动，即要美化自己的行为，而美化、规范自己的行为，就要有文明的礼仪，可见，这里"贲其趾"，说的是要用文明礼仪来规范自己的行为；六二爻辞"贲其须"也应当这样来理解，即用文明礼仪来

文饰他的"言"，这样"言"与"行"都具备了；九三爻辞强调的是永远保持下去，就会吉祥；九四强调要自然，合情合理，让人接受、喜爱；六五爻辞将文明礼仪的言行扩展到丘园，讲求实质，最终达到"白贲"，也就是返璞归真，天然无饰，这才是文饰的极致。所以《象传》作者将《贲》卦解释为："文明以止"的"人文"，"观人文"的目的是化成天下。

剥【二十三】山地剥

《剥》：不利有攸注。

译文 ☯ 不利于有所往。

《彖》曰：《剥》，剥也，柔变刚也。"不利有攸注"，小人长也。顺而止之，观象也；君子尚消息盈虚，天行也。

译文 ☯ 《彖传》说：《剥》卦，说的是剥落，是下坤的柔要改变上艮的刚。"不利有攸往"，是由于小人的势力在增长。顺应形势而停止活动，委曲求全，这是观察卦象得出的结论。君子应当尊崇消长盈虚的规律，因为这是天道。

《象》曰：山附于地，《剥》。上以厚下安宅。

译文 ☯ 《象传》说：本卦上卦为艮为山，下卦为坤为地，山在地上，风雨剥蚀，这是《剥》卦的卦象。君子观此卦象，在上位的，因此厚待人民，使之安居乐业。

初六：剥床以足，蔑贞凶。

注释 <<<
①以：及。蔑：通"灭"，谓蚀灭。

译文 ☯ 床脚剥落，邪恶蔑视正直，所以凶险。

《象》曰："剥床以足"，以天下也。

译文 ☯ 《象传》说："剥床以足"，这是毁灭了下面的根基。

六二：剥床以辨，蔑贞凶①。

译文 ☯ "辨"为床板的下方，即已剥落到床身下方，邪恶更进一步侵蚀正直，愈凶险。

《象》曰："剥床以辨"，未有与也。

译文 ☯ 《象传》说："剥床以辨"，说的是没有人帮助。

艮上

坤下

六三：剥之，无咎。

译文 ☯ 这一卦中，唯一相应的是"六三"与"上九"，"六三"不同流合污，将自己剥落，与"上九"阳爻相应，所以无咎。

《象》曰："剥之，无咎"，失上下也。

译文 ☯ 《象传》说："剥之，无咎"，是因为已经和上下脱离了。

六四：剥床以肤，凶。

译文 ☯ 已剥落到了床的表面，必然凶险。

《象》曰："剥床以肤"，切近实也。

译文 ☯ 《象传》说："剥床以肤"，是说灾难就近在眼前。

六五：贯鱼以宫人宠，无不利。

译文 ☯ 宫人鱼贯而入接受宠爱，恢复正道顺序，事无不利。

《象》曰："以宫人宠"，终无尤也。

译文 ☯ 《象传》说："以宫人宠"，最终没有过错。

上九：硕果不食，君子得舆，小人剥庐。

译文 ☯ "上九"是全卦唯一阳爻，象征阳没被剥尽，仅存一硕果。如果是君子，得到五阴爻拥戴，就像得到可以乘坐的车，有好结果，如果是小人连房屋也要失去，不会有好结果。

《象》曰："君子得舆"，民所载也。"小人剥庐"，终不可用也。

译文 ☯ 《象传》说："君子得舆"，是得到人民拥护。"小人剥庐"，最终是不能任用的。

评点 《剥》卦，是剥落的意思，这一卦为五阴爻，一阳爻，阴盛阳衰，小人壮而君子病，所以不利有所往，即在败势显露时，不宜有什么举动。初六爻辞显示根基已经动摇，这时候不坚守原则，就会带来凶险和灾祸。我们知道床为"安身之座"，引申为安身立命的基础，床脚被砍，床板被拆掉，床上的席子也被拿走，从初爻到六四爻，取"床"被剥不同地方之象，深入地表明衰败的程度，所以结果都是凶险的，简直是不可挽回了，怎么办？六五爻辞"贯鱼，以宫人宠，无不利"，提出了解决的方法，鱼：阴物，阴之美，希望得宠于阳物。意在告诫问占者要结交强有力的大人物，方可挽回败局，最后得到拥戴，谋求发展。

复【二十四】地雷复䷗

> 《复》：亨，出入无疾，朋来无咎，反复其道，七日来复，利有攸往。

译文 ☯ 阴阳循环，万物亨通（即《剥》上九剥落而成为《复》卦初九）。出入没有妨碍，志同道合的朋友来，没有灾祸。事物转化，自有规律，在路上来回，七天就可以来个来回。有利于积极行动。

> 《彖》曰：《复》"亨"，刚反，动而以顺行，是以"出入无疾，朋来无咎"。"反复其道，七日来复"，天行也。"利有攸往"，刚长也。《复》其见天地之心乎？

译文 ☯ 《彖传》说：《复》卦，亨通。内卦为震为阳，外卦为坤为阴，阳刚反复于内。循环运动是符合规律的，因此"出入无疾，朋来无咎"，"反复其道，七日来复"，这是天道运行的规律。"利有攸往"，是因为阳刚之气在渐长。从《复》卦的卦象应该看出天地运行的实质了吧。

> 《象》曰：雷在地中，《复》。先王以至日闭关，商旅不行，后不省方。

译文 ☯ 《象传》说：本卦的内卦为震为雷，外卦为坤为地，雷隐藏在地下面，构成《复》卦。先王观此卦象，因此在冬至日关闭城门，商旅不出行，君王不出外巡视侯国。

> 初九：不远复，无祗悔①，元吉。

译文 ☯ 没走远就返回，不走弯道，没有后悔之事，十分吉利。

注释 <<<
①祗：同"适"，往、至的意思；一说为"大"意。

《象》曰："不远"之"复"，以修身也。

译文 🌓 《象传》说："不远"之"复"，用来修身，比附及时反省。

六二：休复①，吉。

译文 🌓 "六二"柔顺中正，与"初九"近，所以说，欣喜而返，定有吉庆。

《象》曰："休复"之"吉"，以下仁也。

译文 🌓 《象传》说："休复"之"吉"，是由于能够让贤给有仁德的人。

六三：频复，厉，无咎。

译文 🌓 "六三"阴柔，不中不正在下卦极点。所以把持不定，屡屡失败，当然危险，但每次又知道改过，所以没有灾祸。

《象》曰："频复"之"厉"，义无咎也。

译文 🌓 《象传》说："频复"之"厉"，从道理上来说是没有害处的。

注释 <<<
①休：美、善、喜、庆的意思。

坤
上

震
下

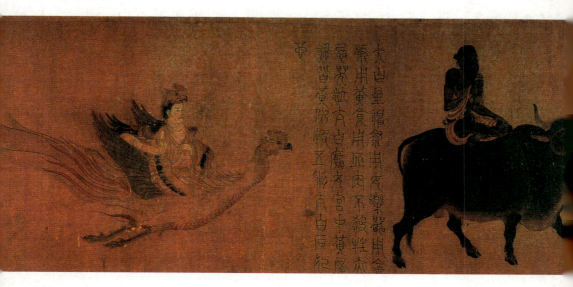

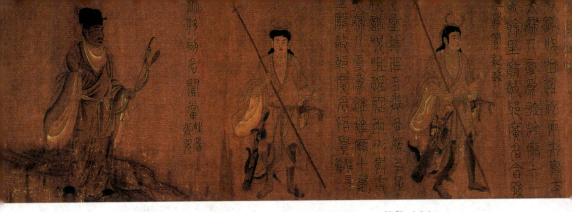

六四:中行独复[1]。

注释 <<<
①中行:即中途。
②敦:厚。

译文 ☯ "六四"单独与"初九"相应,其他皆为阴爻。所以说,道不同,不相与谋,中途独自返回正道。

《象》曰:"中行,独复",以从道也。

译文 ☯ 《象传》说:"中行,独复",这是遵从道义的表现。

六五:敦复[2],无悔。

译文 ☯ "六五"得中,尊位,象征笃守原则,返回正道的人,没有懊悔。

《象》曰:"敦复,无悔",中以自考也。

译文 ☯ 《象传》说:"敦复,无悔",是用正道来自我成就。

上六:迷复,凶,有灾眚。用行师,终有大败,以其国君凶,至于十年不克征。

译文 ☯ "上六"阴柔不正,在极点。象征到最后还不能迷途知返,必然凶险,天灾人祸相继而来,这时如果有军事行动,会大败,累及国君一直到十年之久,还不能讨伐敌人。

《象》曰:"迷复"之"凶",反君道也。

译文 ☯ 《象传》说:"迷复"之"凶",是因为违反了做君王的规律。

评点 ◎ 《复》卦与《剥》卦相反，《剥》卦一阳爻在上，五阴爻在下，有阴爻消剥阳爻之象，《复》卦一阳爻在下，五阴爻在上，阴盛极而阳复生之象，有物极必反的意思，所以卦辞说："亨"，"利有攸往"，出入都没有疾病，朋友来访也没有害处。爻辞"不远复"，"休复"，都是吉祥的，意在强调及时反省自己，在错误还不大的时候，就及时改正过来，不能在错误的道路上越走越远，这样就吉，颇有及时改过的味道；而美满返回正道，指的是能够让贤，让给贤德的人，该有多么美满，所以，吉祥。与此不同的是"频复"，是多次返回，倒也没有多大问题，"中途独自返回"，也就是半路而回，说明出现了问题，被敦促返回，总算没有多大的懊悔，只有迷路而不知返，才是凶的。这个道理上升到军国大事上，则更了不得，迷途不知返，用兵则必惨败，以至于大伤元气，国君都会危险，十年也不能恢复过来。所以要知《复》，执迷不悟，必然凶险。

无妄 【二十五】 天雷无妄 ䷘

《无妄》：元，亨，利，贞。其匪正有眚，不利有攸往。

译文 ◎ 内震卦，外乾卦，一动一健，"九五"中正又与"六二"相应，这样刚而健的象，非常吉祥，所以伟大、亨通、有利、坚贞四德具备，然而，如果动机不纯，行动不正确，将有弊害，前进不利。

《彖》曰：《无妄》，刚自外来而为主于内，动而健，刚中而应，大"亨"以正，天之命也。"其匪正有眚，不利有攸往"，无妄之往何之矣？天命不祐，行矣哉？

译文 ◎ 《彖传》说：《无妄》卦，外卦为乾为阳，阳刚之气自外而来，渐侵入内，内卦为震为动，上卦乾又为健，具有动而健，的品德。九五阳爻居上卦中位，与下震六二阴爻相应，所谓大为亨通而又坚持正道，说的是要遵循天命，"他的行为不正，有所往则不利"，是说背离正道又能前进到哪里去呢？上天不保佑，还能行得通吗？

《象》曰：天下雷行，物与，《无妄》，先王以茂对时，育万物。

译文 ◎ 《象传》说：本卦上卦为乾为天，下卦为震为雷，天的下面有雷滚动，万物随之萌发、生长，这是《无妄》卦的卦象。先王观此卦象，从而勤奋努力，顺应天时变化，养育万物。

初九：无妄，往吉。

译文 ☯ "初九"阳刚得正，刚毅无妄，前进吉祥。

《象》曰："无妄"之"往"，得志也。

译文 ☯ 《象传》说："无妄"之"往"，是得志的。

注释 <<<
①菑：开垦。畬：良田。

六二：不耕，获；不菑，畬①；则利有攸往。

译文 ☯ "六二"柔顺中正，无过分欲望。这种态度就是无妄。所以，不期望不耕耘就收获，不期望刚开垦的田地就能丰收，那样就有利于前往。

《象》曰："不耕，获"，未富也。

译文 ☯ 《象传》说："不耕，获"，是不能富的。

六三：无妄之灾，或系之牛，行人之得，邑人之灾。

译文 ☯ "六三"阴爻阳位不正，会有难以想象的无妄之灾。就像拴在村中的牛，被走路的人顺手牵走，住在村里的人被怀疑是偷牛的贼，蒙受不白之冤。

《象》曰："行人得牛"，"邑人灾"也。

译文 ☯ 《象传》说："过路人牵走了牛，这就是给村里人带来了灾祸。"

九四：可贞，无咎。

译文 占问可行，无害处。

《象》曰："可贞，无咎"，固有之也。

译文 《象传》说："可贞，无咎"，是因为事情本来就可行的缘故。

> **九五：无妄之疾，勿药有喜。**

译文 "九五"刚健中正，在尊位，与"六二"相应。具备这样的德行，没有乱来所得的病，不用服药也会好的。

> **《象》曰："无妄"之"药"，不可试也。**

译文 《象传》说："无妄之药"，是不可以试用的。

> **上九：无妄，行有眚，无攸利。**

译文 "上九"位于无妄卦的极点，遭遇穷困，不要轻易妄为，将要有灾祸，没有什么好处。

> **《象》曰："无妄"之"行"，穷之灾也。**

译文 《象传》说：（"无妄之行"应为"妄行"）谬妄的行为，是绝望碰壁的表现。

评点 《无妄》卦，震下乾上，雷下天上，卦象表示一切震动都要合于自然，合于自然的大动作才是无妄，才是正确的，违反自然，出于人为的任意的大动作，都是无知妄作，就会有灾祸。卦辞说"无妄"才大吉，"其匪正有眚"，不合正道的妄行，就一定有灾祸。爻辞列举了"妄行"的表现为"不耕而获"、"不菑而畬"，这是不能获得财富的。"无妄之疾"是指不乱来得病，如劳累过度等，好好休息便会好，可以不吃药。"无妄之灾"指的是意外的灾祸，对"无妄"的范围，进行了阐释。此外，《象传》作者进一步强调，要顺天而动，要刚中而应乎天，也就是要应乎自然，这样是大吉的。天命就是自然规律，要按照自然规律办事，顺应天时而育万物，这就是"无妄"。

大畜【二十六】山天大畜▤

《大畜》①：利贞，不家食，吉。利涉大川。

译文 要坚守正道，才能做一个贤能之士食禄于朝廷，不仅吉祥，而且同顺利涉过大川一样，解决许多艰难政务。

《彖》曰：《大畜》，刚健笃实，辉光日新其德。刚上而尚贤，能止健，大正也。"不家食，吉"，养贤也。"利涉大川"，应乎天也。

译文 《彖传》说：《大畜》卦，内卦为乾为天，性刚健；外卦为艮为山，性笃实。天光山气交相辉映，天天有新气象。犹如阳刚向上，贤人得位，行为刚健，适可而止，正所谓品德伟大，行为贞正。"不家食，吉"，是说国家要供养贤人。"利涉大川"，是说能够顺应自然规律。

《象》曰：天在山中，《大畜》。君子以多识前言往行，以畜其德。

译文 《象传》说：内卦为乾为天，外卦为艮为山，太阳照耀于山中，万物吸取阳光雨露，这是《大畜》的卦象。君子观此卦象，从而广泛了解前人的格言和善行，来培养自己的品德。

初九：有厉，利已②。

译文 "初九"与"六四"相应，因受阻碍，以致前进有危险，停下才会有利。

《象》曰："有厉，利已"，不犯灾也。

译文 《象传》说："有厉，利已"，因为这样就不会触犯灾难。

九二：舆说輹③。

译文 车轴与车分开。

注释 <<<
①大畜：有蓄积、停止两意。
②已：止。
③輹：车箱下面勾住车轴的木头。说：同"脱"。

《象》曰："舆说輹"，中无尤也。

译文 ☯ 《象传》说："舆说輹"，是说九二爻居下卦中位，所以，没有过错。

九三：良马逐，利艰贞。曰闲舆卫①，利有攸注。

译文 ☯ "九三"阳刚，过分冒进就像骑着良马追"上九"，但要正道，克服艰险，才有利。这就像在追逐敌人之前，要先训练驾车的车夫、护卫的战士，再往前追，才能无往而不利。

注释 <<<
①闲：学习，训练。卫：卫士。
②牿：牛角上横木，供驯牛用。
③豮：是去势的猪。

《象》曰："利有攸注"，上合志也。

译文 ☯ 《象传》说："利有攸往"，是由于符合上位的意志。

六四：童牛之牿②，元吉。

译文 ☯ 牛犊尚未长角，头上装有横木，防患于未然，所以大吉。

《象》曰："六四元吉"，有喜也。

译文 ☯ 《象传》说：六四元吉，是有喜庆的事。

六五：豮豕之牙③，吉。

译文 ☯ "六五"对有利牙的猪，并不正面阻止，而是将其去势，使其性情变温柔，有牙不再伤人。象征止恶的有效方法是釜底抽薪，方为吉祥。

《象》曰："六五之吉"，有庆也。

译文 ☯ 《象传》说：六五的吉，是有吉庆的事。

艮上

乾下

注释 <<<
①衢: 通往四方的路, 即
十字路。

上九: 何天之衢①, 亨。

译文 ☯ "上九"已经到了阻止的极点, 不能再阻止刚健的下卦, 莫如让其自由通过, 畅通无阻, 亨通。

《象》曰:"何天之衢", 道大行也。

译文 ☯ 《象传》说:"何天之衢", 是说行事如得正道则畅通无阻。

评点 ☯ 《大畜》卦, 乾下艮上, 天下山上, 是大的积蓄、大的发展的意思。《无妄》之后, 便会蓄积庞大的力量, 所以卦辞说:"不家食吉""利涉大川", 不靠家里吃饭, 出外去谋生, 可到朝廷做官, 像涉大川那样冒险也有利, 这是何等的作为? 爻辞从艮卦的"止"着眼, 先说不进, 如初九的有险, 要止住不进才有利。又如六二的"车说辐", 比附不能前进, 先求自保, 九三"良马逐", 利于有所往, 讲的是出外有利。

六四、六五, 取训童牛带上横木, 令公猪去势之象, 表达要防患于未然、釜底抽薪的抽象思想, 做到这些是大利的。上九讲的是靠天亨通, 实指农业丰收。所以, 这一卦所谓的大畜, 是指牛、猪、农业等方面大的积蓄。《象传》提出了"日新其德"的思想, 与儒家思想一脉相承。"君子以多识前言往行, 以畜其德", 比《古经》又向前迈进了一大步, 使得《大畜》卦又具有了蓄德、蓄贤、蓄健的含义。

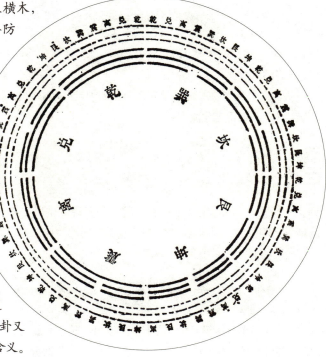

颐【二十七】山雷颐䷚

《颐》: 贞吉。观颐, 自求口实。

译文 　　颐卦的形状, 像是张开的口, 上下牙齿相对, 食物由口进体内, 供给营养。所以, 有养的含意。

　　观察一个人平生养育的是什么, 以及他自己填满口腹养活自己的作为如何, 就可以知道其为人, 必须正当才能吉祥。

《彖》曰:《颐》"贞吉", 养正则吉也。"观颐", 观其所养也;"自求口实", 观其自养也。天地养万物, 圣人养贤以及万民, 《颐》之时, 大矣哉。

译文 　　《象传》说:《颐》卦, "贞吉", 是说养生用正道才会吉利。"观颐", 就是观察他是怎么养生的, "自求口实", 观察他自己的养生。天地养育万物, 圣人养贤人和万民, 养育的因时制宜太重要了。

《象》曰: 山下有雷,《颐》, 君子以慎言语, 节饮食。

译文 　　《象传》说: 本卦上卦为艮为山, 下卦为震为雷, 雷出山中, 万物萌发, 这是《颐》卦的卦象。君子观此卦象, 而谨慎言语, 节制饮食。

初九：舍尔灵龟，观我朵颐，凶。

译文 "初九"与"六四"相应，产生贪欲，放弃你灵验的龟，窥伺我鼓起两颊里的食物，凶。

《象》曰："观我朵颐"，亦不足贵也。

译文 《象传》说："观我朵颐"，也是不值得看重的。

六二：颠颐，拂经于丘[1]，颐，征凶。

译文 违反求食常理，寄希望于位高势重的人（与"上九"不相应），以致前往有凶险。

《象》曰："六二征凶"，行失类也。

译文 《象传》说："六二，征凶"，是因为出行违反法则。

六三：拂颐，贞凶，十年勿用，无攸利。

译文 "六三"阴柔不中不正，位高，象征违反养生的正道，所以养生的目的即或正当，也凶险，以致十年得不到供养，没有任何益处。

《象》曰："十年勿用"，道大悖也。

译文 《象传》说："十年勿用"，是大大违反道理。

六四：颠颐，吉。虎视眈眈[2]，其欲逐逐[3]，无咎。

译文 颠倒向下（与"初九"相应，得正）求养，吉祥。但必须像虎视眈眈那样，紧盯着，它的欲望急迫，无害。

《象》曰："颠颐"之"吉"，上施光也。

译文 《象传》说："颠颐"的"吉"，是在上位的布施光明。

注释 <<<
①拂经：违反常理。
②眈眈：专一注视的样子。
③逐逐：连接不绝的样子。

艮
上

震
下

〇八五

六五：拂经，居贞吉，不可涉大川。

译文 ☯ "六五"虽在君位，却不能养育天下，但要坚持正道，坐待成功，就会吉祥。不可以采取像渡过大江那样的冒险行动。

《象》曰："居贞"之"吉"，顺以从上也。

译文 ☯ 《象传》说："居贞"的"吉"，是因为顺从上九的。

上九：由颐，厉，吉。利涉大川。

译文 ☯ 在君位的"六五"，依赖"上九"，以养万民。所以说，万民是由"上九"所养。不过，"上九"刚毅，又在最上位，能够顺从养生常理，即使有危险，也将最终吉利，值得像涉大川那样去冒险，有利。

《象》曰："由颐，厉，吉"，大有庆也。

译文 ☯ 《象传》说："由颐，厉，吉"，这是喜庆的大事。

评点 ☯ 《颐》卦，震下艮上，震动艮止，动下止上。颐是面颊，吃东西时颐鼓起。而吃东西是自养，所以颐又具有"养"的含义。指自养、求养、养人。卦辞："自求口实"，观面颊，自求食物在吃，这是自养，要求行为要正，才吉祥。初九爻"观我朵颐"，指窥伺我吃东西，也就是想从我取食物，不正，所以凶。六二想求初九的"养"，初九在下，上求养于下，是颠倒；丘高是上九，六二求养于上九，地位不相应，所以凶。这些都是求养不正当，所以凶。六三是下卦的最高位，是阴爻，求养于上面的阴爻，是媚上贪求，所以违反颐养之道，占问也是凶。而六四则不然，六四在上，初九在下，正好相应，并且是以上养下，这便是正，是吉。六五在下，上九在上，阴不能养人，靠阳来养，是下靠上养，违反正道是"拂经"，但六五君位，君柔靠阳刚之臣来养民，又是正道，所以吉祥。所以养人之道一是"自求口实"，即"自养"，二是行为要正，并做到"慎言语"、"节饮食"。

大过【二十八】泽风大过

《大过》：栋桡①，利有攸往，亨。

译文 阳爻有四，是大得过度的形象。"九二""九五"得中，像栋梁受重压向下弯曲，前进有利而且亨通。

《彖》曰：《大过》，大者过也；"栋桡"，本末弱也。刚过而中，巽而说，行。"利有攸往"，乃"亨"。《大过》之时，大矣哉。

译文 《彖传》说：《大过》卦，大的过失，"栋桡"，用作正梁的木料软弱，本卦阳爻多，阳刚过盛又居中位，像人得贞正之道，有谦逊和悦的品德，有所往则有利，所以亨通。大过的时机意义重大啊！

《象》曰：泽天木，《大过》。君子以独立不惧，遁世无闷。

译文 《象传》说：本卦上卦为兑为泽，下卦为巽为木，泽水淹没了本舟，这是《大过》卦的卦象，君子观此卦象，由此领悟到要独立不惧，甚至隐居不仕，而不感到烦闷。

初六：藉用白茅②，无咎。

译文 像祭祀时，在祭器下面铺上白茅那样郑重，比附遇事戒慎恐惧，所以无咎。

注释 <<<
①桡：弯曲。
②藉：衬垫。白茅：洁白的茅草。古时祭祀时用以垫放器皿。

《象》曰："藉用白茅"，柔在下也。

译文 《象传》说："藉用白茅"，是柔软的东西在下面。

九二：枯杨生梯，老夫得其女妻，无不利。

译文 枯杨树生幼芽，老头子娶个年轻的妻子，没有不利。

《象》曰："老夫女妻"，过以相与也。

兑
上

巽
下

译文 🌓 《象传》说："老夫少妻"相配是错误的。

九三：栋桡，凶。

译文 🌓 栋梁受压向下弯曲，凶险。

《象》曰："栋桡"之"凶"，不可以有辅也。

译文 🌓 《象传》说："栋桡"的"凶"，不可能有补救。

九四：栋隆，吉；有它，吝。

译文 🌓 栋梁隆起，能负重荷，所以吉祥。但因会受他人牵连，遭受羞辱。

《象》曰："栋隆"之"吉"，不桡乎下也。

译文 🌓 《象传》说："栋隆"的"吉"，是因为正梁不向下弯曲。

九五：枯杨生华，老妇得其士夫，无咎无誉。

译文 🌓 枯萎的杨树开花，老妇嫁给年轻的男子，即或无咎，也不会光荣。

《象》曰："枯杨生华"，何可久也？"老妇士夫"，亦可丑也。

译文 🌓 《象传》说："枯杨生华"，怎么能长久呢？"老妇士夫"也可以说是件丑事。

上六：过涉灭顶，凶。无咎。

译文 🌓 "上六"已经是这一卦的终极，又是阴爻，软弱无力，却又极度过分地要积极有所作为，由于缺少自知之明，当然凶险，故像渡河不知深浅，盲目涉过，以致灭顶。但没有灾祸。

《象》曰："过涉"之"凶"，不可咎也。

译文 《象传》说："过涉"的"凶"，是不必责备的。

评点 《大过》卦，巽下兑上，大过是大的过失。卦辞说，"栋桡"，正梁弯曲，弯曲的木料本身是软弱之材，让其作屋的栋梁，是建房屋上的大的过错，这个房屋将倒塌，以此来比附国君用庸材做将相，庸材为将相是大的过错，国家将要灭亡了。另外，九四爻是阳爻居阴爻，不正，比附君子没有居其所当居之位，这也是大的过错。此外《大过》卦似乎是在提醒君王，"水可以覆舟"，不要一味用人不当，大的过错一犯再犯，那样的话，人民之水，便会覆君王之舟。应当指出的是，《大过》卦告诫君子要"独立不惧"，"遁世无闷"，等待时机，有所作为，则对大的过错可以拨乱反正。

坎【二十九】水水坎

注释 <<<
①习："复"之意。坎：陷阱。

《坎》：习坎①，有孚维心，亨。行有尚。

译文 阳陷在阴中，两卦重叠，象征重重险难。虽然重重险难，但唯有在重重险难中，有诚信，有信心，才能通顺，表现出高尚的行为。

《彖》曰："习坎"，重险也，水流而不盈。行险而不失其信，"维心，亨"，乃以刚中也；"行有尚"，往有功也。天险，不可升也；地险，山川丘陵也。王公设险，以守其国，险之时用大矣哉。

译文 《象传》说："习坎"，指险阻重重。水在流动而不蓄满在一起，走在险处而不失去诚信。所谓"维系人心，亨通"，是由于阳刚之爻居于上下卦的中位，"所作所为受人尊重"，是说前往有所德而成功。天险，是不可攀登的；地险，是山川和丘陵。王公高筑城郭，深挖壕沟，设法来保卫国家，险的功用，有时是巨大的。

《象》曰：水洊至，"习坎"，君子以常德行，习教事。

译文 《象传》说：水再至，上坎下坎，构成了"习坎"卦，君子观此卦象，从而长久地保持美好的品德，学习教化人民的方法。

初六：习坎，入于坎窞①，凶。

译文 "初六"在坎卦最下方，是进入陷中的陷，所以凶险。

《象》曰："习坎"、"入坎"，失道凶也。

译文 《象传》说："习坎"、"入坎"，这是没有看清道路，所以凶险。

九二：坎有险，求小得。

译文 "九二"也在险难中，但阳刚得中，虽不能完全克服险难，然而，所求不大时，仍会小有所得。

《象》曰："求小得"，未出中也。

译文 《象传》说："求小得"，是没有越出中爻的位置。

六三：来之坎坎，险且枕，入于坎，窞，勿用。

译文 再进险坑，来到有险的地方，坎险重叠，进入险中。"六三"阴柔，不正不中，而且夹在上下两个坎卦的中间，进退皆险，处境维艰，已陷入危险的深处，任何行动，都不会有用。

《象》曰："来之坎坎"，终无功也。

译文 《象传》说："来之坎坎"，终究没有功效。

六四：樽酒簋贰，用缶②。纳约自牖③，终无咎。

译文 一樽酒、两盘饭用瓦器盛，从窗里送进取出，终于没有坏处。

九五：坎不盈，祗既平④，无咎。

注释 <<<
①窞：是陷中的陷。
②樽：酒器。簋：装谷物的竹盘。缶：瓦器。
③牖：窗户。
④祗：小丘。

译文 ☯ "九五"在上卦"坎"的中央，水还在流入，没有溢出，还不能脱险，但"九五"阳刚中正，而且在尊位，象征有德性与地位，而且"九五"已在接近坎卦结束的位置，相当流入坎中的水，已到达平面，不久即可溢出，亦即脱险，所以无咎。

注释 <<<
①系：缚。徽：三股的绳。缰：两股的绳。

《象》曰："坎不盈"，中未大也。

译文 ☯ 《象传》说："坎不盈"，是由于中正之道还没有弘大。

上六：系用徽缰①，寘于丛棘，三岁不得，凶。

译文 ☯ "上六"阴柔，在坎卦的终极，就像用绳索重重束缚，放置在荆棘丛中，三年都不能走出，所以凶险。

评点 ☯ 《坎》卦讲的是坎陷、险陷，卦形为上坎下坎，一阳陷于二阴之中，由于"九二""九五"，为得中之位，"九五"又得正，所以刚中可以有功，比附外部环境或世道有险，但中正无险，或虽遇险但能保持中正，就能亨通，这是坎卦讲的主要旨意。六条爻辞都没有说到吉、利等辞语，九二不得位，但得中，所以占问小得有利，九五既得中又得正，而仅是"既平，无咎"，说的是有脱险之象，初六居险之下，长期处于不顺利、大志难伸的境况下，又落入了凶险之中，提醒人们身处逆境要小心；九二告诫人们要认清逆境，千万不可贪大求多，有小的收获就该心满意足；六三讲的危险更临近了，陷坑一个接一个，此时不宜采取任何行动，情况不明，又势单力孤，此时，很可能一有举动就中了他人的圈套，要以不变应万变；六四进一步讲在困境中要有所收敛，处处小心，一切从俭，不张扬，少惹是非；九五得中得正，有脱险之象，讲的是要谦恭有礼，宽厚忍让，才能消灾去难。否则如上六，三年都不能从险境中解脱出来，结果一定会凶险的。

坎上

坎下

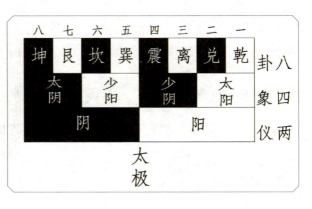

八	七	六	五	四	三	二	一	卦
坤	艮	坎	巽	震	离	兑	乾	八
太阴		少阳		少阴		太阳		象 四
阴				阳				仪 两
			太极					

离【三十】火火离

《离》①: 利贞, 亨, 畜牝牛, 吉。

译文 附着必须坚守正道, 才能有利, 亨通, 但必须具备母牛那样柔顺的德性, 才能吉祥。

《彖》曰:《离》, 丽也, 日月丽乎天, 百谷草木丽乎土。重明以丽乎正, 乃化成天下; 柔丽乎中正, 故"亨", 是以"畜牝牛吉"也。

译文 《彖传》说:《离》是依附、附丽的意思, 日月附丽于天, 百谷草木依附着土地, 下离上离两重光明依附着中正之道, 就能教化天下, 柔顺依附着中正, 所以亨通, 因此, 养母牛是吉利的。

《象》曰: 明两作,《离》。大人以继明照于四方。

译文 《象传》说: 日、月光明两次兴起, 这是《离》卦的卦象, 大人观此卦象, 从而以相继不断的光明普照四方。

初九: 履错然②, 敬之无咎。

译文 "初九"阳刚, 积极上进, 然而在开始时, 方向未定, 脚步错乱, 就有陷入危险的可能, 因而必须谨慎, 才能无灾祸。

《象》曰: "履错"之"敬", 以辟咎也。

译文 《象传》说: "履错"之"敬", 是说用来避开害处。

六二: 黄离, 元吉。

译文 黄色附着在物上, "六二"中位, 得正, 当然大吉。

《象》曰: "黄离, 元吉"得中道也。

注释 <<<
①离: 附着, 又象征上升的太阳, 有光明的意思。
②履错然: 足迹错杂的样子。

离上

离下

译文 🌓 《象传》说："黄离，元吉"，是由于六二爻居于下离中间，得中得正，比附人得到中正之道。

九三：日昃之离①，不鼓缶而歌，则大耋之嗟②，凶。

译文 🌓 不敲着瓦罐高歌，却为老人而叹息，这是凶险的。

《象》曰："日昃之离"，何可久也？

译文 🌓 《象传》说："日昃之离"，怎么可能长久呢？

九四：突如，其来如，焚如，死如，弃如。

译文 🌓 敌人突如其来焚烧着，杀死着，抛弃着。

《象》曰："突如其来如。"无所容也。

译文 🌓 《象传》说："突如其来如"，使人们没有容身之地。

六五：出涕沱若③，戚嗟若，吉。

译文 🌓 "六五"柔弱不正，在君位，被上下的阳刚逼迫，以致流泪悲伤叹息。幸而"六五"在外卦中，以柔而中的性格，虽然处境危险，日夜忧惧，时刻警惕反而能化险为夷，所以吉祥。

《象》曰："六五"之"吉"，离王公也。

译文 🌓 《象传》说："六五"的"吉"，是附着王公的缘故。

上九：王用出征，有嘉折首，获匪其丑④，无咎。

译文 🌓 "上九"已是这一卦光明的极点，而且阳刚果断。因而，可以用兵，诛杀恶人，斩杀了祸首，捕捉许多不同类的人，这是没有害处的，所以无咎。

注释 <<<
①昃：日西倾。
②耋：八十岁的老人。
嗟：哀叹。
③沱若：即滂沱，流泪。
④丑：是"类"的意思。

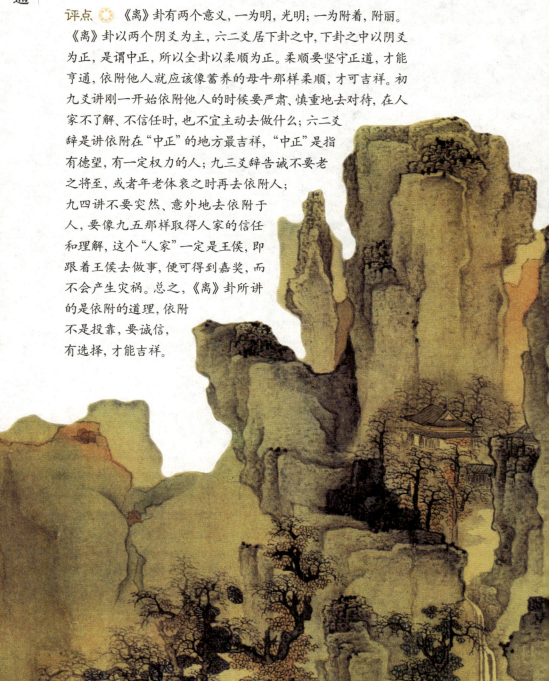

> 《象》曰："王用出征"以正邦也。

译文 《象传》说："王用出征"是为了振兴邦国。

评点 《离》卦有两个意义，一为明，光明；一为附着，附丽。《离》卦以两个阴爻为主，六二爻居下卦之中，下卦之中以阴爻为正，是谓中正，所以全卦以柔顺为正。柔顺要坚守正道，才能亨通，依附他人就应该像蓄养的母牛那样柔顺，才可吉祥。初九爻讲刚一开始依附他人的时候要严肃、慎重地去对待，在人家不了解、不信任时，也不宜主动去做什么；六二爻辞是讲依附在"中正"的地方最吉祥，"中正"是指有德望，有一定权力的人；九三爻辞告诫不要老之将至，或者年老体衰之时再去依附人；九四讲不要突然、意外地去依附于人，要像九五那样取得人家的信任和理解，这个"人家"一定是王侯，即跟着王侯去做事，便可得到嘉奖，而不会产生灾祸。总之，《离》卦所讲的是依附的道理，依附不是投靠，要诚信，有选择，才能吉祥。

《易经》下经

咸【三十一】 泽山咸

《咸》：亨，利贞，取女吉。

译文 上卦为少女，下卦为少男，象征少男追求少女。男女相互感应、爱慕，因而亨通，但动机必须纯正，娶女才会吉祥。

《彖》曰：《咸》，感也。柔上而刚下，二气感应以相与，止而说，男下女，是以"亨，利贞，取女吉"也。天地感，而万物化生；圣人感人心，而天下和平。观其所感，而天地万物之情可见矣。

译文 《彖传》说：《咸》是感动的意思。兑以阴柔居于上卦，艮以阳刚居于下卦，于是阴阳二气以感应而相互结合；艮为止，兑为悦，是谓"止而悦"，艮为少男，兑为少女，是谓"男下女"，所以卦辞说："亨、利贞，取女吉。"天地相互交感而万物产生，圣人用德行来感动人心，使天下太平。看到这些交感的情况，天地万物的情况就可以看到了。

《象》曰：山上有泽，《咸》，君子以虚受人。

译文 《象传》说：本卦下卦为艮为山，上卦为兑为泽，山上有泽，山水互相感应，构成《咸》卦。君子观此卦象，从而以谦虚的态度，接受他人的教益。

注释 <<<
① 拇：大脚趾。
② 腓：腿肚。

初六：咸其拇①。

译文 最初的感应，来自大脚趾，以此象征感应开始。

《象》曰："咸其拇"，志在外也。

译文 《象传》说："咸其拇"，是说志向于到外面去。

六二：咸其腓②，凶。居吉。

兑
上

艮
下

〇九五

译文 🌀 当感应在腿肚时，就会动，动则有凶险。幸"六二"阴柔得正、得中，所以安居不妄动，最终吉祥。

《象》曰：虽"凶"，"居吉"，顺不害也。

译文 🌀 《象传》说：即使"凶险"，但安居不动就吉祥，这是说顺着道理去做就不会有害处。

九三：咸其股①，执其随②，往吝。

译文 🌀 感应到大腿，也不可妄动，如果固执地跟随别人妄动，这样下去，就会受羞辱。

《象》曰："咸其股"，亦不处也。志在随人，所执下也。

译文 🌀 《象传》说："咸其股"，也是说不安所居，一心只想跟从别人，所持主张低下。

九四：贞吉。悔亡，憧憧往来，朋从尔思。

译文 🌀 "九四"阳爻阴位不正，因而，必须坚持纯正，才会吉祥，并可将后悔消除。纷至沓来，朋友服从你的想法。

《象》曰："贞吉，悔亡"，未感害也。"憧憧往来"，未光大也。

译文 🌀 《象传》说："贞吉，悔亡"，是因为没有感到害处。"憧憧往来"，但还是不够光大，交友狭窄。

九五：咸其脢③，无悔。

译文 🌀 "九五"在"九四"的上方，又在"上六"的下方，相当于背肉。感应在背肉，不会后悔。

《象》曰："咸其脢"，志末也。

译文 ☯ 《象传》说："咸其脢"，是说志向在末节小事上。

> 上六：咸其辅颊舌①。

注释 <<<
①辅：颊。
②滕：施展。

译文 ☯ 感应在他的脸颊和舌头。

> 《象》曰："咸其辅颊舌"，滕口说也②。

译文 ☯ 《象传》说："咸其辅颊舌"，这是在玩弄口舌。

评点 ◎ 《咸》卦的含义，历来众说纷纭，歧义很大，主要的有感应、感动说，"咸"即为"感"；有"伤"之说，即以"咸"为"伤"。我们取感应说。传统讲《易经》下经，以人伦发端的夫妇开始。《咸》卦藉男女关系，阐释感应法则。男女自在的相互感应，彼此爱慕，以谦虚的态度追求，以坚定的诚意感动，使对方喜悦接纳，相互沟通，建立感情，结为夫妇，完全是自然的必然结果。这一过程，适用于一切人际关系，而且天地间的一切交往，莫不是由这一感应发端，从"咸其拇""咸其腓"，"咸其股"，"咸其脢"到"咸其辅颊舌"，意在全面解释感应的法则，感应自然而然地发生，但不可鲁莽，不可妄动，不可强求，应听其自然，静待发展。应有主见，坚持原则，不可盲从。动机必须纯正，应当排除私心，不可心胸狭窄，心地光明正大，就能冷静判断，不会犹豫不决，否则把持不定，无以感动他人，也要虚怀若谷，接纳他人。孤僻冷漠，封闭自己，无法与广大外界沟通，不能建立和谐的人际关系，也就不能有所作为。至于花言巧语，取悦诱骗，更是小人的行为，不是君子应有的态度。

恒【三十二】雷风恒

《恒》①：亨，无咎，利贞，利有攸注。

译文 下卦巽为长女，上卦震为长男，男尊女卑，象征夫妇的常理。故名"恒"。只要有恒，就能亨通，但动机必须纯正，而且持续，才能无往不利。

《彖》曰：《恒》，久也。刚上而柔下，雷风相与，巽而动，刚柔皆应，《恒》。《恒》"亨，无咎利贞"，久于其道也。天地之道恒久而不已也；"利有攸注"，终则有始也。日月得天而能久照，四时变化而能久成，圣人久于其道，而天下化成。观其所恒，而天地万物之情可见矣。

译文 《彖传》说："《恒》卦，是永久的意思。卦象是阳刚的震雷在上，阴柔的巽风在下，雷与风相联系，谦逊而敢为，阳刚的爻与阴柔的爻相互呼应，这就是《恒》卦。《恒》卦："亨，无咎，利贞"，是长久保持恒久之道的结果。天地之道是恒久而不停止的；"利有攸往"，是说事物的发展是周而复始的。日月高高地在天上能永远照耀大地，春、夏、秋、冬四时不断变化能永远使万物生长，圣人坚持恒久之道，天下就能遵从教化，形成好的风俗。只要观察研究恒久之道，对天地万物的情况都可以清楚地了解了。

《象》曰：雷风，《恒》，君子以立不易方。

译文 《象传》说：本卦的上卦为震为雷，下卦为巽为风，风雷交加，构成《恒》卦，君子观此卦象，就去建立不可改变的正道原则。

初六：浚恒②，贞凶，无攸利。

译文 "初六"与"九四"相应，遇中间两阳爻阻挡。如果强求深入，即或动机纯正，也有凶险，前进不会有利。

《象》曰："浚恒"之"凶"，始求深也。

译文 《象传》说："浚恒"的"凶"，是因为开始就要求深入。

震上

巽下

九二：悔亡。

译文 🔯 "九二"阳爻，阴位不正，本来会后悔，但位中，所以会使后悔消除。

《象》曰：九二"悔亡"，能久中也。

译文 🔯 《象传》说：九二"悔亡"，是因为能够长久地坚守中正之道。

九三：不恒其德，或承之羞，贞吝。

译文 🔯 "九三"阳爻阳位得正，但过于刚强，不能坚守固有的德行，也许会蒙羞，即或动机纯正，也难免耻辱。

《象》曰："不恒其德"，无所容也。

译文 🔯 《象传》说："不恒其德"，就会落到无所容身的地步。

九四：田无禽。

译文 🔯 "九四"阳爻阴位不正，所以，狩猎不会有任何收获。

《象》曰：久非其位，安得禽也？

译文 🔯 《象传》说：很久都没有居其所居之位，怎么能得到禽？

六五：恒其德，贞，妇人吉，夫子凶。

译文 🔯 "六五"阴爻柔顺，在中位，又与下卦居中的"九二"阳爻相应，像坚守柔顺服从的德性，永久不变。不过，柔顺服从是妻子的正道，坚持这一纯正的德性，会吉祥，但对丈夫来说，却不是应有的德性，因而凶险。

《象》曰："妇人贞吉"，从一而终也。夫子制义，从妇凶也。

译文 ☯ 《象传》说："妇人贞吉"，是因为符合从一而终的道理，男人按照应该做来做，顺从妇人是凶的。

上六：振恒，凶。

译文 ☯ "上六"已到达这一卦的极点，又是上卦最上方的一爻，象征极端恒久，也违背常理。上卦震是动，因而经常动荡不安；这一爻又阴柔，难以坚持，所以凶险。

《象》曰："振恒"在上，大无功也。

译文 ☯ 《象传》说："振恒"在上位，必将一点功绩也没有。

评点 ☯ 《恒》卦，巽下震上，风下雷上。讲恒久的道理。这一卦，以夫妇言之，"刚上柔下"，说的是夫上妇下，夫尊妇卑；"雷动风应"，说的是夫唱妇随；"由顺而动"，也就是妇顺从夫；"事乃可久"，即妇从夫为永久不易之道；"刚柔相应"，也就是夫妇相应，以夫为主，以上这些《象传》讲得明明白白，意在宣扬男尊女卑，爻辞中也明确宣扬了这一观点："六五，恒其德贞，妇人吉，夫子凶。"扩而大之，由夫妇之道进而上升到化成天下，即"圣人久于其道而天下化成"，"君子以立不易方"，强调了治国之道。君民、君臣如夫妇关系一样，要尊君、顺君方为"恒其德"，否则"或承之羞"，也就是自取其辱。

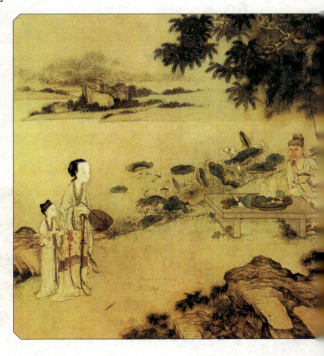

遁【三十三】天山遁

《遁》①：亨，小利贞。

译文 适时退隐，能亨通，同时，坚守纯正，会小有益处。

《彖》曰：《遁》，"亨"，遁而亨也；刚当位而应，与时行也。"小利贞"，浸而长也。《遁》之时，义大矣哉。

译文 《彖传》说：《遁》卦，亨通。是说隐退则通顺；由于九五居中得正，还与六二呼应，这是顺应时势的结果。"小利贞"，是说初六和六二渐渐地向上发展。《遁》卦的适时隐遁的意义是重大的啊。

《象》曰：天下有山，《遁》，君子以远小人，不恶而严。

译文 《象传》说：本卦上卦乾为天，下卦艮为山，天下有山，构成《遁》卦，君子观此卦象，从而远离小人，不憎恨但要严格划清界线。

初六：遁尾，厉，勿用有攸往。

注释 <<<
①遁：逃亡、退避的意思。
②说：脱。

译文 隐退在后面，危险，不要有所往。

《象》曰："遁尾"之"厉"，不往何灾也？

译文 《象传》说："遁尾"的"厉"，不前往有什么灾难呢？

六二：执之用黄牛之革，莫之胜，说②。

译文 "六二"阴爻阴位得正，在下卦中位，又与"九五"相应。象征中正，追随"九五"意志坚定，就像用黄牛的皮革捆缚，不会解脱。

《象》曰："执用黄牛"，固志也。

乾上

艮下

一〇一

译文 ☯ 《象传》说："执用黄牛"，是意志坚定不移的表现。

注释 <<<
①系：牵制。
②嘉：美。
③肥：通"飞"。

九三：系遁①，有疾厉，畜臣妾，吉。

译文 ☯ "九三"阳爻阴位，刚强得正，但被下方两个阴爻拖累，在应当隐遁时却迟疑不决，就像得了厉害的疾病，这时，蓄养奴婢吉利。

《象》曰："系遁"之"厉"，有疾惫也。"畜臣妾，吉"，不可大事也。

译文 ☯ 《象传》说："系遁"之"厉"，就像生了病又疲惫不堪的样子。"畜臣妾，吉"，是说不可做大事。

九四：好遁，君子吉，小人否。

译文 ☯ "九四"阳爻刚健，虽与"初六"相应，但在应当隐遁时，却能摆脱所好，断然离去，君子能够做到这步，吉利，小人就做不到了，所以不会有好运。

《象》曰：君子好遁，小人否也。

译文 ☯ 《象传》说：君子喜好隐退，小人不吉利。

九五：嘉遁②，贞吉。

译文 ☯ "九五"阳刚中正，能够随时无牵无挂地隐遁，但必须坚持纯正，才会吉祥。

《象》曰："嘉遁，贞吉"，以正志也。

译文 ☯ 《象传》说："嘉遁，贞吉"，是因为志向正确。

上九：肥遁③，无不利。

译文 ☯ 远走高飞，去隐退，没有不利。

《象》曰："肥遁，无不利"，无所疑也。

译文 🌓 《象传》说："肥遁，无不利"，是说隐退者没有任何疑虑。

评点 ☯ 《遁》卦，艮下乾上，天下有山，借指朝廷下有贤人，贤人不在朝廷，在野，即隐遁。所以《遁》卦讲的是隐遁的道理。卦辞，提醒君子要观察时势，及时退隐。爻辞也都讲隐遁，初六为"遁尾"，做隐遁的尾巴，隐遁得太迟，有危险；九三讲"系遁"，牵制了隐遁者，就像得场大病那样，对隐遁者没有好处，实际是说当退不退，要犯毛病的；九四讲"好遁"，君子吉，断然退去，君子大吉；九五讲"嘉遁"，贞吉，是说退隐得恰到好处，值得赞美；"九五"指最高位，是讲位极高的人也应及时而退，方能赢得人们的赞誉；到了上九让人们远走高飞，"肥遁"，则"无不利"。可见《遁》卦告诫人们当退则退，而且是急流勇退，方能成大事而吉祥。

大壮【三十四】雷天大壮 ䷡

《大壮》: 利贞。

译文 ☯ "大"为阳,"壮"为盛。阳象征君子,君子壮大,当然无往不利,但必须坚守纯正,才会有利。

《彖》曰:《大壮》,大者壮也;刚以动,故壮。《大壮》"利贞",大者正也。正大而天地之情可见矣。

译文 ☯ 《彖传》说:《大壮》,是大者强壮的意思。乾刚而震动,所以强壮。《大壮》"利贞",是大者刚正的缘故。从"正大"的道理可以看出天地万物的情状。

《象》曰:雷在天上,《大壮》。君子以非礼弗履。

译文 ☯ 《象传》说:本卦上卦为震为雷,下卦为乾为天,天上鸣雷是《大壮》卦的卦象。君子观此卦象,从而想到不合乎礼的事情不要去干。

初九:壮于趾,征凶①,有孚②。

译文 ☯ 脚趾虽然有前进的企图,但还不足以带动全身,前进凶险,但有诚信,或有转机。

注释 <<<
①征:往。
②孚:信。

《象》曰:"壮于趾",其孚穷也。

译文 ☯ 《象传》说:"壮于趾",他的信用全无。

九二:贞吉。

译文 ☯ "九二"阳爻阴位不正,但在中位,只有坚持纯正,才会吉祥。

《象》曰:"九二贞吉",以中也。

震上

乾下

译文 ☯ 《象传》说："九二贞吉"，是因为九二爻居下卦中位。

注释 <<<
①罔：无的意思。
②羝羊：即公羊。藩：
篱。
③羸：挂住、无法摆
脱。
④易：地名。

> 九三：小人用壮，君子用罔①，贞厉。羝羊触藩②，
> 羸其角③。

译文 ☯ "九三"阳爻阳位得正，但刚强过度，小人会利用这种过度刚强的气势，欺凌他人，君子用法网，因为即使纯正，也有危险，就像公羊去触藩篱，角被挂住，无法摆脱那样。

> 《象》曰："小人用壮，君子用罔"也。

译文 ☯ 《象卦》说：小人靠强壮，君子靠法网。

> 九四：贞吉，悔亡。藩决不羸，壮于大舆之輹。

译文 ☯ "輹"是将车轴绑在车身上的皮革。"九四"阳爻阴位不正，继续下去，就会后悔。不过，正因为阳爻阴位，并非极端刚强，只要坚持纯正，仍然吉祥，可使后悔消除。又因为前方都是柔爻，所以会像公羊将藩篱决溃，角不被挂住；却又撞到了大车的车轮上，受伤了。

> 《象》曰："藩决不羸"，尚往也。

译文 ☯ 《象传》说："藩决不羸"，是说还要前往。

> 六五：丧羊于易④，无悔。

译文 ☯ "六五"阴爻中位，柔弱中庸，已丧失了壮大性格，所以用在易地失掉羊来比附，这时，已经不再强大地前进，但也不会生发后悔的结果。

> 《象》曰："丧羊于易"，位不当也。

译文 ☯ 《象传》说："丧羊于易"，是因为所处位置不当。

上六：羝羊触藩，不能退，不能遂，无攸利，艰则吉。

译文 上位已是大壮卦的终极，像公羊触藩篱，角被挂住，不能后退，并且"上六"阴爻，力气不足，又不能穿过藩篱，达到目的，像这样逞强冒进不会有任何利益，所幸"上六"是柔爻，能够以柔弱与命运对抗，只要及时觉悟到艰难，能够忍耐以等待时机，结果还是会吉祥。

《象》曰："不能退，不能遂"，不详也。"艰则吉"，咎不长也。

译文 《象传》说："不能退，不能遂"，是不吉祥的。"艰则吉"，害处是不会长久的。

评点 《大壮》卦，乾下震上。这一卦指的是威力强大，所以卦辞说"大壮，利贞"。强调的是要坚守纯正才有利，所谓"大者正也，正大而天地之情可见矣"，强大而守正，正大才好，强大而不正是不好的。所以君子要非礼勿动。这一卦又讲壮大也应量力而行，不能妄动，不可以恃强任性。小人恃强相争不吉利，君子不这样。"羝羊触藩"也是讲用强力去盲目行动，这样不正，结果是没有好处的，即便羝羊从篱笆里得到解脱、一任妄为的话，还要碰在大车的车轮上，最终受伤，是凶是吉，可想而知了。

晋【三十五】火地晋

《晋》：康侯用锡马蕃庶①，昼日三接。

译文 康侯用周成王赐予他的良马来繁殖，一天三次交配。

《彖》曰：《晋》，进也，明出地上。顺而丽乎大明，柔进而上行，是以"康侯用锡马蕃庶，昼日三接"也。

译文 《彖传》说：《晋》卦是进取的意思。上离光明出现在下坤的地面上，下坤的柔顺依附着上离伟大的光明。阴柔爻位由初六上升至六五，所以《晋》卦的基本结构是"柔进而上行"，象征臣子的事业日上而得到晋升。因此"康侯用锡马蕃庶，昼日三接"。

《象》曰：明出地上，《晋》。君子以自昭明德。

译文 《象传》说：本卦的上卦为离为日，下卦为坤为地，太阳照耀着大地，万物沐浴着阳光，这是《晋》卦的卦象。君子观此卦象，从而去提高自己的光明品德。

初六：晋如摧如②，贞吉，罔孚③，裕无咎。

注释 <<<
①锡：同"赐"。蕃庶：繁殖。
②摧：摧毁、挫败。
③罔：无。

译文 "初六"阴爻，下位，力量弱，如果前进，就会受挫败，不过，只要坚守纯正，仍然吉祥，即或不能取信于人，只要宽裕自处，便不会有灾祸。

注释 <<<
①介：大。王母：即为祖母。
②允：信。

《象》曰："晋如摧如"，独行正也。"裕无咎"，未受命也。

译文 《象传》说："晋如摧如"，是因为将帅能坚守正道。"裕无咎"，是说还没有接到王命。

六二：晋如，愁如，贞吉。受兹介福于其王母①。

译文 "六二"阴爻阴位，得中得正，当然会升进，但与"六五"不能阴阳相应，因而，前途困难，不能不忧愁，不过只要坚守纯正，仍会吉祥，就会像在祖母那里，得到很大的福气。

《象》曰："受兹介福"，以中正也。

译文 《象传》说："受兹介福"，是因为六二爻居下卦中位，又得正，比附人得中正之道。

六三：众允②，悔亡。

译文 "六三"虽阴位不正，但得到上下信任，所以无悔。

《象》曰："众允"之，志上行也。

译文 《象传》说："众允"他，志向还能够推行。

九四：晋如鼫鼠，贞厉。

译文 "九四"阳爻阴位，不中不正，比附那些像野鼠般前进的人，即或行为正当，前进也有危险。

《象》曰："鼫鼠，贞厉"，位不当也。

译文 《象传》说："鼫鼠，贞厉"，是说九四阳爻居阴位，比附人处于不当的地位。

离上

坤下

注释 <<<
①恤：忧。
②角：较量。维：考虑。

六五：悔亡，失得勿恤①，注吉，无不利。

译文 "六五"处尊位，后悔的事消失了，不必为得失担忧，前进吉祥，没有不利。

《象》曰："失得勿恤"，注有庆也。

译文 《象传》说："失得勿恤"，因为前进会有喜庆之事。

上九：晋其角，维用伐邑②，厉，吉，无咎，贞吝。

译文 进攻就较量，"上九"：已晋升到极点，又是刚强的阳爻，本来已经没有回旋的余地，但由于本身刚强，考虑还有力量讨伐叛乱的城邑，虽然危险，但结果吉祥。不过，虽然是正当的处置，仍不免羞辱。

《象》曰："维用伐邑"，道未光也。

译文 《象传》说："维用伐邑"，但王道还不够光大。

评点 《晋》卦，坤下离上，地下日上。这一卦具有前进和光明的意思。"明出地上"是前进之象，据此，传统解释《晋》卦的爻辞是讲军事方面的事情。共分三个部分，前部分有初六、初二两爻，初六说的是进攻和摧毁敌人；六二讲进攻和逼迫敌人；中间部分主要指九四的进袭如鼫鼠。这种老鼠，又叫五技鼠，有五种技能，但却不能坚持，如能飞不能上屋，能泳不能渡河，能打洞不能掩身，等等，用此来比附这样一无所长的军队，再前进也不会打胜仗的，结果是没有好处的；最后部分主要指上九的敌我力量的较量、进攻城邑等等，这些表明了相对的军事情况，同时，"维用伐邑"中，用了一个"伐"字，表明了战争的正义性。强调用兵前进是为了光明，与《晋》卦的前进、光明的含义相合。

明夷【三十六】地火明夷

《明夷》①：利艰贞。

注释 <<<
①夷：与"痍"相同，伤痍、创伤的意思。

译文 ☯ 处境艰难，刻苦忍耐，坚守正道，才会有利。

《彖》曰：明入地中，《明夷》。内文明而外柔顺，以蒙大难，文王以之。"利艰贞"，晦其明也，内难而能正其志，箕子以之。

译文 ☯ 《彖传》说：光明的太阳进入地中，是《明夷》卦的卦象。内里保持文明，而外表却柔顺，用来说明遭受灾难，周文王就是这样。"利艰贞"，光明被隐晦在朝内遭到灾难，却能够端正他的意志，箕子就这样。

《象》曰：明入地中，《明夷》。君子以莅众，用晦而明。

译文 ☯ 《象传》说：本卦内卦为离为日，外卦为坤为地，太阳没入地中，是《明夷》卦的卦象。君子观此卦象，治理人民要用外表隐晦而内心明察的方法。

初九：明夷于飞，垂其翼。君子于行，三日不食，有攸往，主人有言。

译文 ☯ 鸣叫的鹈鹕鸟在飞行中负伤，垂下翅膀。君子出行，已经多天无食可吃，就是有投奔的地方，也会被讥笑，听到闲语。

《象》曰："君子于行"，义不食也。

译文 ☯ 《象传》说："君子于行"，按照道义是不贪图禄食的。

六二：明夷，夷于左股，用拯马，壮吉。

译文  鸣叫的鹈鹕，伤在左大腿，用骟马，还强壮，结果吉祥。

《象》曰："六二"之"吉"，顺以则也。

译文  《象传》说："六二"的"吉"，是由于顺乎情势，合于道理的缘故。

九三：明夷于南狩，得其大首，不可疾贞。

译文  鹈鹕在君子南方的猎区受伤。君子找到了大道，不可急躁，要坚守正道。

《象》曰："南狩"之志，乃大得也。

译文  《象传》说："南狩"的用意，是有大的收获。

六四：入于左腹，获明夷之心于出门庭。

译文  鹈鹕飞入左边山洞，君子要捉到鸣叫鹈鹕的心，在出门时就有了。

《象》曰："入于左腹"，获心意也。

译文  《象传》说："入于左腹"，达到要捉到它的心愿。

坤
上

离
下

一一二

> 六五：箕子之明夷，利贞。

译文 ☯ 箕子，在最暴虐黑暗的时刻，依然能够明辨是非，坚持正义，有利于守正。

> 《象》曰："箕子"之"贞"，明不可息也。

译文 ☯ 《象传》说："箕子"的"贞"，他的明德是不可息灭的。

> 上六：不明，晦。初登于天，后入于地。

译文 ☯ 太阳下山；不亮，暗了。太阳开始升上天，后来落入地。

> 《象》曰："初登于天"，照四国也。"后入于地"，失则也。

译文 ☯ 《象传》说："初登于天"，照耀四方的侯国。"后入于地"，王侯失去法度和原则。

评点 ☯ 《明夷》卦，离下坤上，日下地上。太阳落入地中，从卦象上看是谓"没落"之意，像黑暗时期。黑暗时期光明受伤害，所以《明夷》卦讲的是光明受到伤害。卦辞讲光明受伤害，在这种艰难时刻，依旧坚守正道才是最有利的，告诫人们不要因为受挫折、受到损害和打击，就动摇自己的操守。

初九讲"明夷于飞"，"垂其翼"，六二讲"夷于左股"，六四讲"入于左腹"，等取鹈鹕鸟伤了翅膀，伤了大腿，伤了左腹之象，来比附人世间的黑暗、残酷，君子所处环境，及所遭遇到的迫害是多么的令人触目惊心，轻者伤其肢体，重者伤其心腹，箕子就是最典型的例子。所以《明夷》卦反复告诫人们要内明外柔，韬光养晦，才能承受大难。并能隐忍逃离，以求保住实力、避免伤害，以期度过黑暗时期，再谋发展。

家人【三十七】风火家人

《家人》：利女贞。

译文 妇女坚守正道，吉利。

《彖》曰：《家人》，女正位乎内，男正位乎外；男女正，天地之大义也。家人有严君焉，父母之谓也。父父，子子，兄兄，弟弟，夫夫，妇妇，而家道正；正家而天下定矣。

译文 《彖传》说：《家人》卦，六二阴爻居内卦中位，比附妇女主内，以正道守其位；九五阳爻居外卦中位，比附男主外，以正道守其位。男主外女主内都能以正道守其位，这是天地间的大道义。一家人有严厉的家长，是说父母。做父亲的要像父亲，做儿子的要像儿子，做哥哥的要像哥哥，做弟弟的要像弟弟，做丈夫的要像丈夫，做妻子的要像妻子。这样，家道正了，家道正，天下就安定了。

《象》曰：风自火出，《家人》。君子以言有物而行有恒。

译文 《象传》说：本卦外卦为巽为风，内卦为离为火，内火外风，风助火威，这是《家人》卦的卦象。君子观此卦象，从而领悟到说话要言之有物，做事要持之有恒。

初九：闲有家①，悔亡。

译文 "初九"阳爻阳位，刚毅得正，象征在家庭中能够防患于未然，就不会有后悔的事情发生。

《象》曰："闲有家"，志未变也。

译文 《象传》说："闲有家"，用意在未有变故的时候注意防范。

六二：无攸遂，在中馈②，贞吉。

译文 "六二"柔顺、中正，遇事不专断，在家中料理内务很尽职，所以正当而且吉利。

注释 <<<
①闲：防范。
②馈：供应食物。中馈：在家中负责烹饪供应食物的人，指妻子。

巽
上

离
下

一一三

《象》曰："六二"之"吉"，顺以巽也。

译文  《象传》说："六二"的"吉"，是因为顺从而谦逊。

九三：家人嗃嗃，悔厉，吉；妇子嘻嘻，终吝。

译文  "九三"阳刚，象征一家之主，过于严厉，以致一家人都冷冰冰的，治家过于严厉，难免会有后悔的情形，但结果还是吉祥；相反，如果治家不严，妻子儿子整天嘻嘻哈哈，最后会带来羞辱。

《象》曰："家人嗃嗃"，未失也。"妇子嘻嘻"，失家节也。

译文  《象传》说"家人嗃嗃"没有过失。"妇子嘻嘻"，丧失治家原则。

六四：富家，大吉。

译文  "六四"阴爻阴位得正，会使家庭富足，所以大吉。

《象》曰："富家，大吉"，顺在位也。

译文  《象传》说："富家，大吉"，是因为六四阴爻居九五阳爻之下，顺从而得位，比附家人和顺而各守其职。

九五：王假有家，勿恤，吉。

译文  "九五"刚健、中正，在君位，又与内卦柔顺得中的"六二"相应，君王以国为家，不必忧虑，吉祥。

《象》曰："王假有家"，交相爱也。

译文  《象传》说："王假有家"，君臣会相互爱护。

上九：有孚威如，终吉。

译文 🌓　必须诚信，有威严，这样治家，最终吉祥。

《象》曰："威如"之"吉"，反身之谓也。

译文 🌓　《象传》说："威如"之"吉"，是因为能严格要求自己。

评点 ◎　《家人》卦，离下巽上。风自火出，有由家及外之象。另外，卦中九五、六二有"男正位乎外，女正位乎内"之象，讲的是男主外，女主内，可见《家人》卦，阐释治家的原则。孝悌是道德的根本，是我国传统文化的一大特色，家庭是社会结构的基础，正如《大学》所说的"诚意、正心、修身、齐家、治国、平天下"。治家，首先应防患于未然，家庭以主妇为主体，应当具备柔顺、谦逊、中正的德性。治家要求宁可过严，不可溺于亲情，在家庭中，每一分子都能相亲相爱，必然和谐，家和万事兴，父父、子子要分明。而治家最基本的原则，在于诚信与威严。

睽【三十八】火泽睽䷥

《睽》①：小事吉。

注释 <<<
①睽：目不相视，乖离违背意。

译文 ☯　做小事吉祥。

《彖》曰：《睽》，火动而上，泽动而下；二女同居，其志不同行。说而丽乎明，柔进而上行，得中而应乎刚，是以"小事吉"。天地睽而其事同也，男女睽而其志通也，万物睽而其事类也。《睽》之时，用大矣哉。

译文 🌓　《象传》说："《睽》卦，上离为火，火向上烧，下兑为水，水向下注，又上卦离为中女，下卦兑为少女，二女同居，她们的行动意志不能协调。下兑的和悦依附着上离的光明，六三为阴爻，六五也是阴爻，阴为柔，从六三到六五是谓柔进而上行。六五居上卦的中位，是得中，九二居下卦的中位，六五、九二阴柔相应，所以说是柔得中而应乎刚，因此做小事吉祥。天上地下，是天地的相乖离，但天的阳气与地的阴气相接而生长万物。这是天地乖离而生长万物的事又是一致的。男女性别不同，但结合而生育子女，是男女性别乖异但生育的意志是相同的。万物各具形体是乖离，但生存继承有它相类之点，所以说是万物乖离而它们生存继承的事是相类的。《睽》卦的因时由乖离到相通的作用是重大的啊！

注释 <<<
①天：烙额。劓：割去鼻子。

《象》曰：上火下泽，《睽》。君子以同而异。

译文 ☯ 《象传》说：上卦为离为火，下卦为兑为泽，构成《睽》卦的卦象。君子观此卦象，既综合万物之所同，又分析万物之所异。

初九：悔亡。丧马勿逐，自复。见恶人，无咎。

译文 ☯ 后悔，消于无形；就像丧失的马，不必去追逐，自己就会回来，所以，人情反复无常，为了避免灾祸，有时看见不屑理会的恶人，也会没有过错。

《象》曰："见恶人"，以辟咎也。

译文 ☯ 《象传》说："见恶人"，会避开灾祸。

九二：遇主于巷，无咎。

译文 ☯ "主"为主人，指"六五"、"九二"与"六五"相应，本来应当会合，但在背离的情况下，却不能见到，但在小巷中意外遇见，没有灾祸。

《象》曰："遇主于巷"，未失道也。

译文 ☯ 《象传》说："遇主于巷"，这说明没有迷失道路。

六三：见舆曳，其牛掣，其人天且劓①，无初有终。

译文 ☯ "六三"与"上九"相应，但本身阴柔，前后受刚爻的牵制，就像自己的车，后方被"九二"拖住，前方又被"九四"阻止，因而使"六三"与"上九"背离，驾车的人被烙了额，割了鼻子，开始虽然不利，最后仍然有结果。

《象》曰："见舆曳"，位不当也。"无初有终"，遇刚也。

译文 ☯ 《象传》说："见舆曳"，是因为本爻所处爻位不当。"无初有终"，是本爻阴柔与九四阳刚相遇。

九四：睽孤遇元夫①，交孚，厉，无咎。

译文 ☯ "初九"与"九四"都是阳爻，不能应援，"九四"又被阴爻包围，以致孤立，但"初九"为大丈夫，只要互相信任，即或有危险，最后也不会有灾祸。

《象》曰："交孚，无咎"，志行也。

译文 ☯ 《象传》说："交孚，无咎"，他的用意得以通行。

六五：悔亡，厥宗噬肤②，注何咎？

译文 ☯ "六五"阴爻阳位又是尊位，会有后悔，但与"九二"阴阳相应，可使后悔消除。其宗族指"九二"，"九二"排除阻碍"六三"，就像咬肤一般，容易将其排除，这样，前进就不会有灾祸。

《象》曰："厥宗噬肤"，注有庆也。

译文 ☯ 《象传》说："厥宗噬肤"，前去一定有喜庆事。

上九：睽孤见豕负涂③，载鬼一车，先张之弧④，后说之弧⑤，匪寇，婚媾，注，遇雨则吉。

译文 ☯ "上九"至极点，以致孤立。与其相应的"六三"，被刚阳爻包围，像陷在泥中的猪，背上满是污泥。"六三"虽没有背叛，但引起"上九"猜疑，就像看到一车可怕的鬼，起先张弓要射，后来又迟疑，将弓弦放松，"六三"与"上九"不是仇敌，是求亲，猜疑澄清，就像遇到雨，洗去了污泥，看清了真象，变为吉祥。

《象》曰："遇雨"之"吉"，群疑亡也。

译文 ☯ 《象传》说："遇雨"的"吉"，一切疑虑都没有了。

注释 <<<
①元夫：大丈夫。
②厥：其。
③负：背。涂：泥。
④弧：弓。
⑤说：脱。

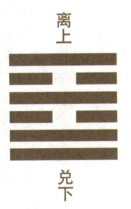

离上

兑下

评点 《睽》卦兑下离上，泽下火上。《睽》卦有乖离、违背的意思，但就这一卦来看，却讲了离而又合，异而又同的观点，颇有君子同中有异，合而不同的味道。爻辞中也体现这一观点。初九的"丧马"就是乖，马自回就是合；"见恶人"是乖，而"无咎"则是合；九二的旅人在外离乡背井是乖，遇主是合；六三

"无初"是乖，"有终"是合，九四、六五也是先乖后合，上九也是这样，先怀疑载鬼一车是乖，后来看到族外婚的迎娶场面，打消了误会，这也是合，可见，《睽》卦全卦都是在讲乖异和结合相互联系的事情，阐释了要异中求同、同中求异的道理，即使困难重重，最后也能合。

蹇【三十九】水山蹇

注释 <<<
①蹇：跛，引申为前进不便、困难的意思。

《蹇》①：利西南，不利东北；利见大人，贞吉。

译文 西南指坤，坤为地，容易行走，所以说利西南。东北指艮，艮为山，行走困难，所以说不利东北。克服困难，需要伟大的人物协助，"九五"刚健中正，象征伟大人物。所以必须坚守正道，才能吉祥。

《彖》曰：《蹇》，难也，险在前也；见险而能止，知矣哉！《蹇》"利西南"，往得中也；"不利东北"，其道穷也。"利见大人"，往有功也；当位"贞吉"，以正邦也。《蹇》之时，用大矣哉。

译文 《彖传》说：《蹇》卦，是困难的意思。危险就在前面，看见危险能停下来，这是明智的表现。《蹇》卦说："利西南"，这是因为行于中正之道。"不利东北"，是因为那是穷途末路。"利见大人"，是说前往一定有功。六二为阴爻居阴位，九五为阳爻居阳位，是各当其位，所以"贞吉"，凭着这个能治理好国家。《蹇》卦的作用真是大啊！

《象》曰：山上有水，《蹇》。君子以反身修德。

译文 《象传》说：上卦为坎为水，下卦为艮为山，山上有水，这是《蹇》卦的卦象。君子观此卦象，从而回过头来检查自己，修养品德。

初六：往蹇来誉。

译文 🔆 前往必陷入上卦坎的危险中，返回停留原处，以待时机，才会得到荣誉。

> 《象》曰："往蹇来誉"，宜待也。

译文 🔆 《象传》说："往蹇来誉"，应该等待时机。

> 六二：王臣蹇蹇，匪躬之故。

译文 🔆 "六二"阴爻阴位得正，应顺利前进，但上卦艮是险，"九五"又陷在险的中央，所以王臣难上加难，不是自身的缘故，是环境所逼。

> 《象》曰："王臣蹇蹇"，终无尤也。

译文 🔆 《象传》说："王臣蹇蹇"，最终没有过错。

> 九三：往蹇来反。

译文 🔆 前进必有危险，只得返回原处。

> 《象》曰："往蹇来反"，内喜之也。

译文 🔆 《象传》说："往蹇来反"，是因为内心喜欢回来。

> 六四：往蹇来连。

译文 🔆 "六四"已入坎卦险地，进退两难，只得反过来与"九三"连在一起。

> 《象》曰："往蹇来连"，当位实也。

译文 🔆 《象传》说："往蹇来连"，是因为六四阴爻居阴位，比附人的德才与职位切实相称。

> 九五：大蹇朋来。

坎上

艮下

译文 ☯ 陷入险的中央，非常艰难，但一定有如相应的"六二"那样的朋友前来营救。

《象》曰："大蹇朋来"，以中节也。

译文 ☯ 《象传》说："大蹇朋来"，是由于合于节令。

上六：注蹇来硕，吉；利见大人。

译文 ☯ "上六"已到极点，艰难又不能前进，但回头与"九五"共挽时艰，就会有丰硕的成就，所以吉祥，有利于见到大人。

《象》曰："注蹇来硕"，志在内也。"利见大人"，以从贵也。

译文 ☯ 《象传》说："往蹇来硕"，是内心得意，"利见大人"，是因为追随贵人而得利。

评点 ☯ 《蹇》卦，艮下坎上，山下水上，山为止水为险，险在前而止，不能前进，所以"蹇"是难的意思。这一卦的卦象又有九五以刚健中正象征君王在上，六二以柔顺中正象征臣在下，可以利见大人，所以，《蹇》卦又讲的是先难而后获的道理。因此，《象传》说"往有功也"，"以正邦也"，指的都是先难后获。爻辞也是这样，从"往蹇来誉"、"往蹇来反"到"往蹇来连"，是说先难后易。从"大蹇朋来"，到"往蹇来硕"，是说先有难后有收获。讲述的是由难变不难的道理，全卦主要说理，表现了对立可以转化的朴素辩证观点。

解【四十】雷水解䷧

《解》：利西南，无所往，其来复，吉。有攸往，夙吉。

译文 西南的"坤"是地，大地平坦安静；当险难解除之后，就应当一切宁静，与民休息，才有利；当困难解除之后，不宜再有任何行动，应当回到原来的地方休息，才会吉祥。解除困难，应当立即解决，不可使纷扰延续过久才会吉祥。

《彖》曰：《解》，险以动，动而免乎险，《解》。《解》"利西南"，往得众也；"其来复吉"，乃得中也；"有攸往，夙吉"，往有功也。天地解而雷雨作，雷雨作而百果草木皆甲坼。《解》之时，大矣哉。

译文 《彖传》说：《解》卦，内卦为坎为险，外卦为震为动。遇险而动，积极行动则可免除危险，这是《解》卦。"利西南"，是说去了会得到众人的相助，"其来复，吉"，是因为此行符合中正之道。"有攸往，夙吉"，因为前往一定会有成就。天地间阴阳交合而雷雨兴起，雷雨兴起则百果草木都破土抽芽，《解》卦的意义真是重大啊！

《象》曰：雷雨作，《解》，君子以赦过宥罪。

译文 《象传》说：雷雨并作，化育万物，是《解》卦的卦象。君子观此卦象，从而赦免过失而不罚。

初六：无咎。

译文 没有灾难。

《象》曰：刚柔之际，义无咎也。

译文 《象传》说：初六与九二刚柔交接，从道理上讲是没有害处的。

九二：田获三狐，得黄矢，贞吉。

一二三

译文 🌓　猎得很多野狐，又得到黄铜箭头，象征清除奸巧小人，须坚守正道，才会吉祥。

> 《象》曰："九二贞吉，得中道也。"

译文 🌓　《象传》说："九二贞吉"，是因为九二爻居下卦中位，比附人得中正之道。

> 六三：负且乘，致寇至，贞吝。

译文 🌓　"六三"是阴爻，象征小人位于下卦的最高位，而且阴爻阳位不正，品德与地位不相称，背着东西而乘车（一说乘坐超越自己身份的车辆，叫做负乘），必然会招致盗贼出现，就是贞守正道，也难以免羞。

> 《象》曰："负且乘"，亦可丑也。自我致戎，又谁咎也？

译文 🌓　《象传》说："负且乘"也是可丑的。自我招致寇盗，又怪谁呢？

> 九四：解而拇①，朋至斯孚。

注释 <<<
①而：同"尔"，你。

译文 🌓　"九四"位不正，与"初六"小人相应，像除去你大拇趾的病患那样，应断然切断与小人的关系，朋友来了会以诚信相处。

> 《象》曰："解而拇"，未当位也。

译文 🌓　《象传》说："解而拇"，因为九四阳爻居阴位，所处位置不当。

> 六五：君子惟有解，吉；有孚于小人。

译文 🌓　这一卦有四个阴爻，代表小人，其中"六五"在君位，是君子，但君子应当只与君子交往，必须远离小人，才会吉祥，所以君子在思考是否已经切断不良的交往时，应当以小人是否退去来验证。

震
上

坎
下

《象》曰："君子有解"，小人退也。

译文 🌓 《象传》说："君子有解"，是因为小人退掉。

上六：公用射隼于高墉之上①，获之，无不利。

注释 <<<
①隼：恶鸟，象征小人。
高墉：高的土墙。

译文 🌓 这一爻是解卦的终结的一爻，一切困难都已经解除。"上六"对贪想高位，不相应的小人，在他上来的时候，就像站在高墙上射隼般，将其射落，不会有不利。

《象》曰："公用射隼"，以解悖也。

译文 🌓 《象传》说："公用射隼"，是说除去敌臣贼子，消除了隐患。

评点 ☯ 《解卦》坎下震上，具有患难解散之意。用雷雨过后，百果草木都破土抽芽，出现一派生机来比附解除患难之后有万物兴作的意思。发生了困难，就要想方设法去解除，原则上应当采取柔和平易的方法，宽宏大量，得到群众的支持；而且应当快速，并在困难开始之初，要刚柔相济，顺应情势，除恶务尽，不惜采取最严厉的手段，要懂得最难解的是如何识别小人，如何使小人势消的问题，只有除掉小人，君子才能势长，所有困难才有望迎刃而解。

损【四十一】山泽损

《损》①：有孚，元吉，无咎。可贞，利有攸注。曷之用，二簋可用享。

译文 减损，要得到人民的信任，才会吉利，没有灾祸，以祭祀为例，只要有诚意，两竹盘的祭品，就足以用来祭祀，形式上虽然减损，但虔诚的心意，仍然会被神接受。

《象》曰：《损》，损下益上，其道上行。损而"有孚，元吉，无咎，可贞，利有攸注。曷之用？二簋可用享"。二簋应有时，损刚益柔有时，损益盈虚，与时偕行。

译文 《象传》说：《损》卦，减损下面增益上面，原则是给上面增益。损减而"有孚，元吉，无咎，可贞，利有攸往。曷之用？二簋可用享"，用二盘食物，应该在必要的时候，减损阳刚补益阴柔有一定的时间性，损、益、盈、虚，是随着时间的变化而自然进行的。

《象》曰：山下有泽，《损》；君子以遏忿窒。

译文 《象传》说：本卦上卦为艮为山，下卦为兑为泽，山下有泽是《损》卦的卦象。君子观此卦象，就要制止忿怒，杜塞贪欲。

初九：已事遄注②，无咎，酌损之。

译文 做完事情后，再迅速赶去，不会有灾祸，不过，在损益之间，应当斟酌量力，使其适度。

注释 <<<
①损：减，减少损失。
②已：止。遄：速。

《象》曰："已事遄注"，尚合志也。

译文 《象传》说："已事遄往"，是说还能符合志向。

九二：利贞，征凶，弗损，益之。

译文 "九二"阳刚居下卦中央，不妄进，因而坚持正道有利，如果积极向外发展，就会发生凶险，如果不减损自己又能助益别人，岂不更好。

艮
上

兑
下

注释 <<<
①朋：贝币。

《象》曰："九二利贞"，中以为志也。

译文 ☯ 《象传》说："九二利贞"，是以中正之道为志向。

六三：三人行，则损一人；一人行，则得其友。

译文 ☯ 三个人一起出行，就会因主张不合而使其中一人离去；一个人出行，就会寻找朋友结伴同行。

《象》曰："一人行"，"三"则疑也。

译文 ☯ 《象传》说："一人行"可以，"三人行"就会发生疑惑。

六四：损其疾，使遄有喜，无咎。

译文 ☯ 消除他的疾病，使之很快地好起来，没有害处。

《象》曰："损其疾"，亦可喜也。

译文 ☯ 《象传》说："损其疾"，也是可喜之事。

六五：或益之十朋①之龟，弗克违，元吉。

译文 ☯ 有人赠送价值十朋的大龟，不能拒绝，大吉。

《象》曰："六五元吉"，自上佑也。

译文 ☯ 《象传》说："六五元吉"，得自上天的保佑。

上九：弗损，益之，无咎，贞吉，利攸往，得臣无家。

译文 ☯ 不能减损，要增益他，无害，坚守正道吉祥，有所往有利，得到一个单身的奴隶，没有家属。

《象》曰："弗损，益之"，大得志也。

译文  《象传》说："弗损,益之",大为得志。

评点 《损》卦,兑下艮上。这一卦讲"损"的原则,一是要损所当损,即损去那些应当损掉的;二是要合于时,损益盈虚,与时偕行;三是要把握好损上益下、损下益上的尺度。损上,即损君王的利益;益下,即使百姓受益,亦即损君益民。如在灾荒年,君出仓库的财谷,来赈济灾民等。尤其是损民益君时,不能无限制地损民,提出统治者应"惩忿窒欲"的观点,这非常可贵。基于上述,爻辞提出了"酌损":把握好时机;"弗损,益之",讲的是根据情况不能损,只能益等等,这些都讲的是把握好损有余益不足的尺度,当损则损,当益则益,必将"大得志"。

益【四十二】风雷益 ䷩

《益》:利有攸往,利涉大川。

译文 这一卦的"六二"与"九五"都中正而且相应,下卦震是动,所以前进有利;再则,上卦是巽,巽为风,为木,下卦震是雷,是动,象征风吹木(船),因而用有利渡过大河来比附可以冒险犯难。

《象》曰:《益》,损上益下,民说无疆;自上下下,其道大光。"利有攸往",中正有庆;"利涉大川,木道乃行。《益》动而巽,日进无疆;天施地生,其益无方。凡益之道,与时偕行。

译文 《象传》说:《益》,减损上面,补益下面,人民喜悦无限。从上面谦逊地对待下面,他的道义大放光芒。"利有攸往",中正而有喜庆;"利涉大川",利用木船的道理得以推行。《益》卦下震为动,上巽为顺,动而顺理,敢为又谦虚。日有进益而无限量;天地生育万物,它所增益的没有限量,所有增益的道理,跟着时令一起进行。

《象》曰：风雷，《益》，君子以见善则迁，有过则改。

译文 🔯 《象传》说：本卦的上卦为巽为风；下卦为震为雷，风雷激荡，是《益》卦的卦象。君子观此卦象，从而见到善行就向它学习，有过就改。

初九：利用为大作，元吉，无咎。

译文 🔯 有利于大兴土木，大吉，无害处。

《象》曰："元吉，无咎"，下不厚事也。

译文 🔯 《象传》说："元吉，无咎"，是下面的百姓不是落在工作的后面的。

六二：或益之十朋之龟，弗克违，永贞吉。王用享于帝，吉。

译文 🔯 有人赠他价值十朋的大龟，不能拒绝，长期地坚守纯正吉祥，君王祭祀天帝，吉利。

《象》曰："或益之"，自外来也。

译文 🔯 《象传》说："或益之"，这说明大龟是从外面来的。

六三：益之用凶事，无咎。有孚，中行，告公用圭。

译文 🔯 在发生凶险事故时，可以向他人求援，但要符合中庸的道理，而且要诚实，不可以欺骗，像以圭告公，求其援助那样。

《象》曰："益用凶事"，固有之也。

译文 🔯 《象传》说："益用凶事"，是本来有的。

六四：中行，告公，从，利用为依迁国。

译文 走中正之道，遇事报告国君，公听从，为了相互有依靠，甚至可以迁移国都，非常有利。

注释 <<<
①惠心：施予恩惠的心。
德：与"得"相同。

《象》曰："告公从"，以益志也。

译文 《象传》说："告公从"，是为了增强贤臣的意志。

九五：有孚惠心，勿问，元吉。有孚，惠我德①。

译文 "九五"阳爻阳位，因而刚毅中正；有力量，也有诚意，用不着问卜，就知道这是非常吉祥。这样，人民必然也以诚意回报，使自己也有所得。

《象》曰："有孚惠心"，勿问之矣；"惠我德"，大得志也。

译文 《象传》说："有孚惠心"，不用问他了；"惠我德"，大为得志。

上九：莫益之，或击之，立心勿恒，凶。

译文 "上九"阳刚，已经到达益卦的极点。没有人增益他；还有人攻击他，益人之心不能持之以恒，凶。

《象》曰："莫益之"，偏辞也。"或击之"，自外来也。

译文 《象传》说："莫益之"，是普遍的说法。"或击之"，是从外面来的。

评点 　《益》卦，震下巽上，雷下风上。《益》卦与《损》卦相对相成，主要强调要损上益下。即损君益民，这样可使"民悦无疆"，"其道大光"，民富裕了君便可无忧虑，所以对君王来说，所损者小，所益者大，故以小损得大益，虽损而实益。初九大兴土木，人民为君主尽力，实际上得益的是君王。九二讲祭祀得吉，也是君王得益。六四讲迁都，得意的更是君王。这一卦还强调了损上益下要以诚信为基础，才能获得民众的信任与支持。要适度、量力，同时受益方也应柔顺、谦虚、中正，才能得到益处。总之益人之心要恒久，才吉祥。

夬【四十三】泽天夬䷪

> 《夬》①：扬于王庭，孚号，有厉，告自邑，不利即戎，利有攸往。

译文 　本卦五阳爻，一阴爻，是强大的阳将阴切断的形象，应先在朝廷上，宣告他们的罪状，然后以诚信号召群众，合力将小人排除，不过小人诡计多，仍有危险，所以要先告之自己领地的人，先获得支持，不可立即动用武力，这样进行，才会有利。

> 《彖》曰：《夬》，决也，刚决柔也；健而说，决而和。"扬于王庭"，柔乘五刚也；"孚号有厉"，其危乃光也；"告自邑不利即戎"，所尚乃穷也；"利有攸往"，刚长乃终也。

译文 　《彖传》说：《夬》卦，是决断的意思。是阳爻决定柔；下卦为乾为天，上卦为兑为悦，敢于决断又能和睦相处。"扬于王庭"，是因为上六阴爻居于五个阳刚之爻的上面。"孚号有厉"，他的危险再加大，"告自邑不利即戎"，是因为所看重的武力是要碰壁的。"利有攸往"，是刚长柔消，最终君子掌权。

> 《象》曰：泽上于天，《夬》。君子以施禄及下，居德则忌。

译文 　《象传》说：本卦上卦为兑为泽，下卦为乾为天，泽在天上，是《夬》卦的卦象，君子观此卦象，从而分俸禄施给下民，居德要忌自傲。

> 初九：壮于前趾，往，不胜为咎。

注释 <<<
①夬：决断。

译文 　脚强壮有力，前往却不能胜利，反而成为灾祸。

《象》曰:"不胜"而"注",咎也。

译文 《象传》说:"不胜"而"往",是有咎的。

九二:惕号,莫夜有戎,勿恤①。

译文 "九二"居中,能把握中庸原则,所以,能够时刻忧惧警惕,呼叫提醒防范敌人的袭击,就是夜间遭到敌人的攻击,也不必担心失败了。

《象》曰:"有戎,勿恤",得中道也。

译文 《象传》说:"有戎勿恤",是因为九二居下卦中位,比附人得中正之道。

九三:壮于頄②,有凶。君子夬夬独行,遇雨若濡,有愠无咎。

译文 "九三"刚爻有决断的决心,显现在脸上,以致招致小人的憎恨,结果凶险。所以,君子外出以避凶,急急独行,遇雨而衣裳湿,仅令人不快而已,没有过错。

《象》曰:"君子夬夬",终无咎也。

译文 《象传》说:"君子夬夬",最终没有害处。

九四:臀无肤,其行次且③。牵羊悔亡,闻言不信。

译文 臀部没有肉,他走路困难,牵住羊,没有悔,听人说话,不相信。

《象》曰:"其行次且",位不当也。"闻言不信",聪不明也。

译文 《象传》说:"其行次且",是九四阳爻阴位,所处位置不当。"闻言不信",是听觉不明。

注释 <<<
①惕:忧惧。莫:暮。恤:忧患。
②頄:颧骨。
③次且:即趑趄,徘徊不能前进的意思。

兑上

乾下

九五：苋陆夬夬中行①，无咎。

译文 ☯ 在柔脆的小草上行走，只有走中正之道才没有害处。

注释 <<<
①苋陆：马齿苋，一年生草本植物，感阴气多和柔脆易折是它的特点。

上六：无号，终有凶。

译文 ☯ "上六"阴爻是要决断的小人，在被穷追不舍的情形下，不用大声呼号，最终难逃凶险。

《象》曰："无号"之"凶"，终不可长也。

译文 ☯ 《象传》说："无号"的"凶"，终于不可长久的。

评点 ☯ 《夬》卦，兑上乾下。该卦有五个阳爻，一个阴爻，传统说法，这唯一的阴柔是小人，五个阳爻是君子，君子要设法除掉这个小人，所以"夬"是决断的意思，这一卦讲的是消除小人的问题。小人诡计多端，决断小人不能不戒慎，首先应有万全的准备，不可妄动；应当刚柔并进，不可冒进；其次要不畏非议，隐忍不动声色，暗中进行，把握时机，一举歼灭；再次不可迟疑不决，也不可冲动，要有决心，审慎行动。最后决断小人还要讲究策略，最理想的方式是用柔，感化小人，使其改过迁善。总之，小人是无法长久的，虽得意一时，终将被除掉。

姤【四十四】天风姤

注释 <<<
①姤：同"逅"，邂逅，意外相遇。又解为道路上相遇，指男女相遇。
②柅：车辆的刹车。
③蹢躅：踯躅、徘徊不前的意思。

《姤》①：女壮，勿用取女。

译文 女子太强壮了，不可以娶来做妻子。

《彖》曰：《姤》，遇也，柔遇刚也。"勿用取女"，不可与长也。天地相遇，品物咸章也；刚遇中正，天下大行也。《姤》之时，义大矣哉！

译文 《彖传》说，《姤》卦，是相遇的意思。指初六阴爻与其余五个阳爻相遇，"勿用取女"，是说不能长久相处。天地阴阳相遇，万物都繁荣生长，九二、九五分别居下卦，上卦中位，比附君臣各居其位，遵行中正之道，因而中正之道大行于天下，《姤》卦的意义是重大的啊！

《象》曰：天下有风，《姤》。后以施命诰四方。

译文 《象传》说：本卦上卦为乾为天，下卦为巽为风，天下有风，是《姤》卦的卦象，君王观此卦象，从而施教化于天下，昭告四方。

初六：系于金柅②，贞吉。有攸往，见凶，羸豕孚蹢躅③。

译文 "初六"是在纯阳下开始发生的阴，只要将这一个阻止，小人的势力就无法形成，所以像用金属制成坚固的刹车一般，将其制止，这样坚持正道，吉祥。如果姑息，容许其前进，君子就会受到小人的侵害，发生凶险。然而，小人不会甘心，像一只瘦弱的猪，在徘徊，等待机会。

《象》曰："系于金柅"，柔道牵也。

译文 《象传》说："系于金柅"，柔道被牵住。

九二：包有鱼，无咎，不利宾。

译文 厨房里有鱼，没有害处，但不利于宴请宾客。

《象》曰："包有鱼"，义不及宾也。

译文 ☯ 《象传》说："包有鱼"，从道理上说是不能用来招待宾客的。

九三：臀无肤，其行次且，厉，无咎。

译文 ☯ 臀无皮肤，行动趑趄，走路困难。有危险，但不会有大难。

《象》曰："其行次且"，行未牵也。

译文 ☯ 《象传》说："其行次且"，是因为行走没有人扶持。

九四：包无鱼，起凶。

译文 ☯ 厨房里没有鱼，会引出凶险。

《象》曰："无鱼"之"凶"，远民也。

译文 ☯ 《象传》说："无鱼"之"凶"，是由于远离了人民。

九五：以杞包瓜①，含章，有陨自天。

译文 ☯ 用杞柳来包瓜，有文彩，包不住，瓜自然会从上面掉落。

《象》曰："九五含章"，中正也。"有陨自天"，志不舍命也。

译文 ☯ 《象传》说："九五含章"，是由于九五居上卦中位，比附人有中正之德。"有陨自天"，是说高尚的志向不能施行，所以不放弃（自然掉下来也要用柳条包瓜）。

上九：姤其角，吝，无咎。

注释 <<<
①杞：杞柳，生长在河边，可编器物。

译文 碰上野兽的角，不好，但没有害处。

> 《象》曰："姤其角"，上穷吝也。

译文 《象传》说："姤其角"，是因为上九阳爻居于此卦最上面，比附人处于穷困之境。

评点 《姤》卦，巽下乾上，风下天上，这一卦共有五个阳爻，一个阴爻，而且这一个阴爻又在最下面，一阴与五阳相遇，所以《姤》卦主要指的是男女相遇。从卦爻辞来看，《姤》卦主要讲的是以男性为主并要压制女性。"女壮，勿用取女"，此女周旋在五个男人之间，欲要压倒阳刚之男，可见比男子还要强，所以称壮。针对这种情况，卦辞明确说，不要娶这样的女人。因为此女太强壮，丈夫不能与这样的女人长期相处。接下来，讲天地相遇，宣扬乾刚坤柔，进而要求夫刚妇柔，妇要从夫，像"系于金柅"那样，把女子系于男子。九二要女子专心顺从男子则吉，九四"不可往应，往则有凶"，说得更厉害；不可以再去和别的男子相应和，完全限制了妇女的自由。此外九五、上九爻辞讲的是另一种遭遇，即君王命运不佳，没有人来应，则应反思是否远离了人民，使"厨中无鱼"，这一观点认识到了人民的力量，有进步意义。

乾上

巽下

萃【四十五】泽地萃

《萃》①：亨。王假有庙②，利见大人。亨，利贞。用大牲吉。利有攸往。

译文 王可以进入家庙祭祀，有利于见大人，当然亨通，动机纯正，聚集有利，在祭祀祖先时，奉献大的牺牲，会吉祥，无往而不利。

《彖》曰：《萃》，聚也；顺以说，刚中而应，故聚也。"王假有庙"，致孝亨也；"利见大人，亨"，聚以正也；"用大牲吉，利有攸往"，顺天命也。观其所聚，而天地万物之情可见矣！

译文 《彖传》说：《萃》是聚集的意思。下坤柔顺，上兑和悦，九五以阳刚居中，与六二相应，所以是聚集。"王假有庙"，表示孝顺地进行祭祀；"利见大人，亨"，是由于以正确途径聚集。"用大牲吉，利有攸往"，是顺从天命。看到这种聚集的情况，天地万物的实际情况都可以看到了。

《象》曰：泽上于地，《萃》。君子以除戎器，戒不虞。

译文 《象传》说：本卦上卦为兑为泽，下卦为坤为地。泽水集于地，这是《萃》卦的卦象。君子观此卦象，从而修理兵器，戒备意外的变乱。

初六：有孚，不终，乃乱乃萃，若号。一握为笑，勿恤，往无咎。

译文 纵然有诚意，也难有结果，是乱是聚而呼号。两人握手言欢，破涕为笑，所以，不必担忧，前进不会有灾祸。

《象》曰："乃乱乃萃"，其志乱也。

译文 《象传》说："乃乱乃萃"，是由于思想混乱。

六二：引吉，无咎，孚乃利用禴③。

注释 <<<
①萃：原意为丛生的草，有聚集含义。
②假：有"至"意。
③禴：春祭称为禴，是简单的祭祀。

注释 <<<
① 萃如：要相聚的状态。嗟如：叹息的样子。

译文 🔯 "六二"与"九五"阴阳相应，要有"九五"的援引，才能相聚，吉祥没有灾祸，犹如春祭祀，只要诚心诚意，祭礼虽然简单，神灵也会降福。

《象》曰："引吉，无咎"，中未变也。

译文 🔯 《象传》说："引吉，无咎"，是由于中正之道没有改变。

六三：萃如，嗟如①，无攸利，注无咎，小吝。

译文 🔯 "六三"不中不正，在上方也无应援，不得已，想与邻近会聚，办不到，只有叹息，得不到什么益处。出路是与"上六"相聚，所以前往不会有灾祸，但已在极点，有羞辱。

《象》曰："注无咎"，上巽也。

译文 🔯 《象传》说："往无咎"，是因为六三阴爻居九四阳爻之下，比附臣下对君上顺从。

兑
上

坤
下

九四：大吉，无咎。

译文 🔯 大吉，无害处。

《象》曰："大吉，无咎"，位不当也。

译文 🔯 《象传》说："大吉，无咎"，是由于九四阳爻居阴位，所处的位置不恰当。

九五：萃有位，无咎。匪孚，元 ，永贞，悔亡。

译文 🔯 "九五"刚毅，中正，在君位，以德使天下聚集在他的统治之下，当然不会有灾难；但如果仍然不能信任，自己就要以至善的作为，永久坚贞的德性来感化，必然可使后悔消除于未然。

《象》曰："萃有位"，志未光也。

译文 ☯ 《象传》说："萃有位"，是由于志愿还未能发扬光大。

上六：赍咨涕洟^①，无咎。

注释 <<<
①赍咨：悲伤的怨声。涕：流眼泪。洟：流鼻涕。

译文 ☯ "上六"已是萃卦的终结，柔弱又没有地位，因而悲伤，叹息涕泣。但筮遇此爻也不会有过错。

《象》曰："赍咨涕洟"，未安上也。

译文 ☯ 《象传》说："赍咨涕洟"，是说上六居一卦的最上面，比附人虽居高位却不能安心。

评点 ☯ 《萃》卦，坤下兑上，地下泽上，顺下悦上，泽在地上，水聚在了地上，水润泽大地，万物就会群聚而生，所以说"萃"是聚集的意思。另外，这一卦九五刚健，中正，六二柔顺亦得中，因而这种聚会是亨通的。所以卦辞说"王祭祖庙，利见大人"。该卦提出了一个很值得注意的观点：相聚要防患于未然，注意戒备。初六爻辞的"有孚不终"，六三爻辞的"嗟叹"都说明目前有障碍，难得结果，及局势不稳定，相聚也不会得到什么益处。九四爻虽"大吉"而只有"无咎"，耐人寻味，"大吉"与"无咎"，说明所处地位不当，这样的相聚，还不能成大事。同时《萃》卦还强调相聚动机要纯，不能形成暴力，手段要柔和，才能保持和谐，相聚应当以诚信为本，诚信不够，到了最后，如上六爻辞所讲，只能叹息流泪了。

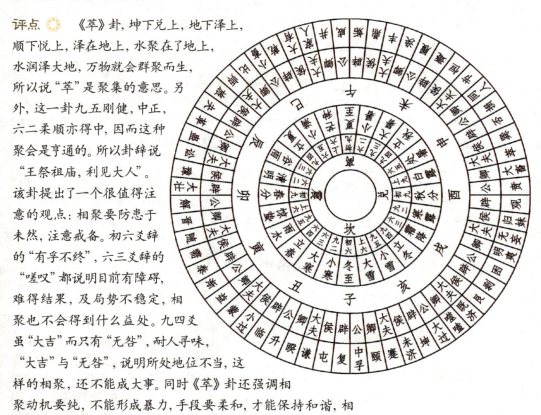

升【四十六】地风升

《升》：元亨，用见大人，勿恤，南征吉。

译文 上升时顺利，无阻碍，亨通，能得到大人物的援引，勿须担忧，往南方走吉祥。

《彖》曰：柔以时升，巽而顺，刚中而应，是以大"亨"。"用见大人勿恤"，有庆也；"南征吉"，志行也。

译文 《彖传》说：本卦初爻为阴，它依时上升，上卦为坤为顺，下卦为巽为逊，九二阳爻居下卦中位，与六五阴爻居上卦中位相应，因此大为亨通。"用见大人勿恤"，是指将有喜庆之事。"南征吉"，这是因为志向得到了推行。

《象》曰：地中生木，《升》。君子以顺德，积小以高大。

译文 《象传》说：本卦外卦为坤为地，内卦为巽为木，地中生木，构成《升》卦的卦象，君子观此卦象，从而努力修养德行，从细小起步积累，逐步提高。

初六：允升，大吉。

译文 "初六"下位，追随上面接近的两个阳爻，就能前进上升，非常吉祥。

《象》曰："允升，大吉"，上合志也。

译文 《象传》说："允升，大吉"，是因为能够与上面志愿相合。

九二：孚乃利用禴，无咎。

译文 "九二"与"六五"相应，所以说，对神只要诚心诚意，即便简单的春祭，也能获得保佑，不会有灾难。

《象》曰："九二之孚"，有喜也。

译文 《象传》说："九二之孚"，是指会有喜庆之事发生。

坤上

巽下

注释 <<<
①虚邑：无人村落。
②冥：昏昧。

九三：升虚邑^①。

译文 ☯ "九三"刚毅，一心升进，前方又是空虚无人的村落，没有任何疑虑，可以大胆前进。

《象》曰："升虚邑"，无所疑也。

译文 ☯ 《象传》说："升虚邑"，是说没有什么疑虑。

六四：王用亨于岐山，吉，无咎。

译文 ☯ "六四"柔顺得正，可以顺利地升进，就像君王在岐山祭祀，吉祥，没有灾难。

《象》曰："王用亨于岐山"，顺事也。

译文 ☯ 《象传》说："王用亨于岐山"，是顺利的事情。

六五：贞吉，升阶。

译文 ☯ "六五"阴爻阳位，本来并不适当，但与下方的"九二"相应，得到刚毅有力的人辅助，就能登上君位。不过"六五"本身柔弱，必须坚守正道，才能吉祥。

《象》曰："贞吉，升阶"，大得志也。

译文 ☯ 《象传》说："贞吉，升阶"，大为得志。

上六：冥升^②，利于不息之贞。

译文 ☯ "上六"阴爻，柔弱无力，又上升到了极点，已经头昏目眩，摇摇欲坠，所以，必须不停地坚持正道，才会有利。

《象》曰："冥升"在上，消不富也。

译文 《象传》说："冥升"在上，消灭没有福气的。

评点 《升》卦，巽下坤上，木下地上。这一卦，从木生地中，长而益高，取升之象，来阐释升进的道理。九二爻刚健位中，与六五相应，看出大人有利于升进之象。从九二到六五，讲的是升进要等待时机，选择有跟自己相应之君，才可求得进用，得到提拔、重用。《象传》讲的是"积小以高大"的道理，也就是说，要想得到提升，先从小的、低的位子做起，在基层得到历练，积累经验，才能逐渐得到提拔，升迁到高的、大的位置上。爻辞中提出了要升进必须要得到信任的观点。九二提到了"孚"，"孚"就是信任的意思，有"孚"，才有"喜"，也就是说，取得了信任才可有升进之喜。九三说"无疑"，无疑才可得到信任，所以说信任的前提是要讲诚信，要真实无伪，才不会被人怀疑而信任你，做到这点，才会出现六五的"升阶"的结果。

困【四十七】泽水困

《困》①：亨。贞，大人吉，无咎，有言不信。

注释 <<<
①困：穷困。

译文 下卦为坎是险，上卦兑是悦，象征陷身于穷困之中，仍然自得其乐，必然是能坚守自己的原则，所以通达，像这样坚守正道，唯有大人物才能做到，因而吉祥，没有灾难，但是身处困境，所说的话，不会有人相信。

《彖》曰：《困》，刚掩也。险以说，困而不失其所，"亨"，其唯君子乎！"贞大人，吉"，以刚中也；"有言不信"，尚口乃穷也。

译文 《象传》说：《困》卦，上卦为兑为阴，下卦为坎为阴，阳刚掩盖于阴柔之下，上卦险而悦，虽然处境困难却不放弃追求亨通。恐怕只有君子才能有这种信念吧！"贞大人，吉"，是因为阳爻处于上下卦的中位。"有言不信"，因为崇尚口辩是会碰壁的。

《象》曰：泽无水，《困》。君子以致命遂志。

译文 《象传》说：本卦上卦为兑为泽，下卦为坎为水，水渗泽底，泽中干涸，构成《困》卦，君子观此卦象，宁可舍弃生命，也要达成志愿。

注释 <<<
①觌：见。
②朱绂：古代贵族祭祀宗庙时所穿的服饰。绂，祭服的饰带。

初六：臀困于株木。入于幽谷，三岁不觌①。

译文 ☯ 以坐在树桩上臀部不舒服、坐不稳，又像是进入了昏暗的深谷中，三年也走不出来，见不到光亮，来比附穷困的程度。

《象》曰："入于幽谷"，幽不明也。

译文 ☯ 《象传》说："入于幽谷"，是幽暗不明亮。

九二：困于酒食，朱绂方来②，利用享祀，征凶，无咎。

译文 ☯ "九二"刚毅，中庸，但位不正，会被酒食过多所困，又意外获得高贵的地位，这样过多的酒食，适用于祭祀，平时享用，过于招摇，就会凶险，应守本分，才会没有灾难。

《象》曰："困于酒食"，中有庆也。

译文 ☯ 《象传》说："困于酒食"，九二居下卦中位，守中正之道是会有喜庆事情的。

六三：困于石，据于蒺藜，入于其宫，不见其妻，凶。

译文 ☯ "六三"阴柔，不中不正。被石头绊倒，被蒺藜刺伤，转回家去，又看不到妻子，所以凶险。

《象》曰："据于蒺藜"，乘刚也。"入于其宫，不见其妻"，不祥也。

译文 🔮 《象传》说："据于蒺藜"，是阴爻居于阳爻之上。"入于其宫，不见其妻"，是不吉祥的。

> 九四：来涂涂，困于金车，吝，有终。

译文 🔮 "九四"与"初六"相应，被金车所困，不得不徐徐进行，虽为羞辱，最后能达目的。

> 《象》曰："来涂涂"，志在下也。虽不当位，有与也 。

译文 🔮 《象传》说："来徐徐"，是志向卑微的表现。像九四居九五之下，虽然位置不当，但还是有人帮助的。

> 九五：劓刖①，困于赤绂，乃涂有说 ，利用祭祀。

译文 🔮 君子虽受到削鼻、砍脚的折磨，但会更加惕励奋发，可却被穿着红色衣服的大夫所困，但"九五"刚毅中正，终于有一天会逐渐得到解脱，有利于祭祀。

> 《象》曰："劓刖"，志未得也 ，"乃涂有说"，以中直也。"利用祭祀"，受福也。

译文 🔮 《象传》说："劓刖"是志愿没有得到实现的表现。"乃徐有说"，是由于居中得正。"利用祭祀"，是从中祈求神的福佑。

> 上六：困于葛藟，于臲卼，曰动悔，有悔，征吉②。

译文 🔮 "上六"是阴柔，穷困到极点，就像被葛蔓缠绕，无法挣脱，陷入动摇不安的险地，这时，采取行动，就会后悔，但如果能有悔改，前进仍然吉祥。

> 《象》曰："困于葛藟"未当也。"动悔有悔"，吉行也。

译文 🔮 《象传》说："困于葛藟"，是所处不当。"动悔有悔"，所以出行才吉利。

兑上

坎下

注释 <<<
①劓：削鼻。刖：砍脚。
②葛藟:葛与蔓，攀附缠绕的草生植物；臲卼:指危险场所。

评点 《困》卦，坎下兑上，水下泽上。这一卦，从水在泽的下面，而泽中却反而无水的卦象，讲述应对穷困的道理。总的来说，要处困境而不失其所，即身陷穷困之中，仍然自得其乐，仍然能坚守自己的原则，最后由困而亨通，即战胜了困境，最后得到亨通。摆脱困难，走出困境，应找出"困"的原因，明确地指出不诚信、不被任用，所以困。可见应对穷困的首要条件当是讲诚信；第二点是"舍命遂志"，即处困而舍命完成平生的志愿，也可摆脱困境而转为亨通；第三点是要"中直"，"中直"即为"中正"，这是说身处困境而中正，就可以转为亨通。

井【四十八】 水风井☷☴

《井》：改邑不改井，无丧无得，往来井井。汔至，亦未繘井，羸其瓶，凶。

译文 村落可能有变迁，但井不会变动，人们来来往往汲水，而井水则依然洁净不变。当汲水的瓦瓶，几乎到达水面时，因为吊绳没有完全伸开，受到阻挠，使瓦瓶翻覆破裂，所以凶险。

《彖》曰：巽乎水而上水，《井》。井养而不穷也。"改邑不改井"，乃以刚中也；"汔至，亦未繘井"，未有功也；"羸其瓶"，是以凶也。

译文 《彖传》说：本卦下卦为巽为木，上卦为坎为水，木桶下水而打上水，这是《井》卦的卦象。井水养活万民源源不绝。"改邑不改井"，是九二和九五阳爻居下、上卦中位，像水井适用。"汔至，亦未繘井"，说明井的功用没有实现。"羸其瓶"，因此凶险。

《象》曰：木上有水，《井》。君子以劳民劝相。

译文 《象传》说：木桶上有水，是《井》卦。君子观此卦象，从而去慰劳人民，鼓励他们互助。

初六：井泥不食，旧井无禽。

译文 ☯ 井中有泥，不能食用。废弃的旧井，连禽兽都不来光顾。

《象》曰："井泥不食"，下也；"旧井无禽"，时舍也。

译文 ☯ 《象传》说："井泥不食"，是由于泥土落下去了，"旧井无禽"，是说当时已经舍弃了。

九二：井谷射鲋，瓮敝漏①。

译文 ☯ 残留在井底的水，只能供小鱼生存，在井口用箭去射鱼，不能射中小鱼，反而射穿了瓮，漏水的破瓦瓮，失去了效用。

《象》曰："井谷射鲋"，无与也。

译文 ☯ 《象传》说："井谷射鲋"，是没有好处的。

九三：井渫②不食，为我心恻，可用汲。王明并受其福。

译文 ☯ 井水清了却不喝，为此我心悲痛，可以汲水。国王明察，臣民都得到他的福。

《象》曰："井渫不食"，行"恻也"，求"王明"，"受福"也。

译文 ☯ 《象传》说："井渫不食"，这种做法是可悲的。求王明察，可以受福。

六四：井甃③，无咎。

译文 ☯ 修理井壁，不会有灾难。

《象》曰："井甃，无咎"，修井也。

译文 ☯ 《象传》说："井甃，无咎"，是说在修井。

注释 <<<
①鲋：小鱼。瓮：汲水的瓶子。
②渫：是将井中的泥沙挖出，使井水清洁。
③甃：修理井的内壁。

坎
上

巽
下

注释 <<<
①冽：清洁。
②收：汲取。幕：盖子。

九五：井冽寒泉①，食。

译文 井水清凉似泉水，可喝。

《象》曰："寒泉"之"食"，中正也。

译文 《象传》说"寒泉"之"食"，是由于九五爻居上卦中位，比附人得中正之道。

上六：井收勿幕②。有孚元吉。

译文 汲完水不要盖上，大家都诚心爱护井，大吉。

评点 《井》卦，巽下坎上，这一卦巽木坎水，也就是木桶进入水中，将水汲上所以说是"井"，卦爻辞中多处提到"井"，讲了井不能改、井泥不可食、井谷射鲋、井渫不食、井甃、井冽、井收等等，看似都是井的事，其实不然，该卦是在借井来比附用人、用贤的道理。国家要用的是人才，不合时宜的人就要被淘汰，这是"井泥不食"的启示；"井谷射鲋"、"瓮敝漏"，也是比附那些不顾客观条件、盲目行动的人，这些人是不能用的；井水清洁不用，来比附贤能的人不被任用，所以"为我心恻"，希望"王明"，使臣民都能得到他的福。九三爻辞明确地从"井"扩大到了政治上的用人。这样，该卦提示我们要发掘人才、任用贤能，而贤能的人也要不断自我修养，充实力量，使自己成为有用之材，否则，不合时宜也将被淘汰。

革【四十九】泽火革

《革》①：巳日乃孚②，元亨利贞，悔亡。

译文 开始人们怀疑变革，到祭祀之日才相信，大通顺，有利于坚守纯正，悔恨消失。

《彖》曰：《革》，水火相息；二女同居，其志不相得，曰《革》。"巳日乃孚"，革而信之；文明以说，大"亨"以正，革而当，其"悔"乃"亡"。天地革而四时成；汤武革命，顺乎天而应乎人。《革》之时大矣哉。

译文 《彖传》说：《革》卦，上卦为兑为泽为水，下卦为离为火，是谓水火相息灭；上卦兑又为少女，离为中女，是谓二女同居，志趣不合必起冲突，这就是《革》卦。"巳日乃孚"，是变革得到了人们的信任，下离又为文明，上卦兑又为悦，所以文明而和悦，遵守正道就大为亨通，变革恰当，那些悔恨也就没有了。天地变革而四时形成，商汤、周武王革命，顺乎上天规律又符合人们的愿望。依时变革的意义重大啊！

《象》曰：泽中有火，《革》。君子以治历明时。

译文 《象传》说：本卦上卦为兑为泽，下卦为离为火，水泽之中有火燃烧，这是《革》卦的卦象。君子观此卦象，从而修明历法，明确时令。

初九：巩用黄牛之革。

译文 捆牢固要用黄牛皮制成的带子。

《象》曰："巩用黄牛"，不可以有为也。

译文 《象传》说："巩用黄牛"，是说人被束缚，不可以有作为。

六二：巳日乃革之，征吉，无咎。

译文 祭祀这天开始变革，出征吉利，无灾祸。

注释 <<<
①革：原义是皮革，兽皮经过加工，制造成柔软的皮革，含有改革、变革的意思。
②巳日：即"祀日"。

兑
上

离
下

《象》曰："巳日革之"，行有嘉也。

译文 ☯ 《象传》说："巳日革之"，进行下去会有庆贺的。

九三：征凶，贞厉，革言三就，有孚。

译文 ☯ 出征凶险，即使坚守纯正也有危险。改革的话，有了多次的成就，人们才会信服。

《象》曰："革言三就"，又何之矣?

译文 ☯ 《象传》说："革言三就"，又能到哪去呢? 只能相信。

九四：悔亡，有孚。改命，吉。

译文 ☯ 后悔消失，得到人们信赖与支持，改命的行动是吉祥的。

《象》曰："改命"之"吉"，信志也。

译文 ☯ 《象传》说："改命"之"吉"，是由于人们相信改革志向的缘故。

九五：大人虎变，未占有孚。

译文 ☯ 大人要像老虎的斑纹，到了秋天，变得光泽鲜明，即改革要彻底，并且自己先行改革（虎自变）。但在没有占卜吉凶之前，要先得到信赖。

《象》曰："大人虎变"，其文炳也。

译文 ☯ 《象传》说："大人虎变"，说明他的文采是显著的。

上六：君子豹变，小人革面，征凶，居贞吉。

译文 🎐 君子应当继续革新自己，就像豹的斑纹，随着季节，变成鲜艳光彩；庶民也应革除邪恶，出征有凶险，安居无所作为正当而且吉祥。

> 《象》曰："君子豹变"，其文蔚也。"小人革面"，顺以从君也。

译文 🎐 《象传》说："君子豹变"，他的文采是华美的。"小人革面"，是为了顺从君王。

评点 ✿ 《革》卦，离上兑上，火下泽上。按照传统解释，火燃烧就会使水干涸，水大可以使火灭。又二女同居，志趣不相合，所以卦象示为"革"。观其卦爻辞确实是讲变革、改革方面的事情。

这一卦认识到了改革的重大意义：改革是文明，这点很了不起，所以卦辞说改革是人民喜悦的，是大通顺，是又正确又恰当的事情，并把社会的改革上升到了符合自然规律的高度来阐释："天地革而四时成，汤武革命，顺乎天而应乎人。"并且指出改革要深入人心，改革要取得成就，让人民看得见，要让人民相信，并且要顺民心、合民意，这样即便大人"虎变"、"豹变"，人民都会顺从，但不可急功近利，妄为冒进，改革成功之后，要与民休息，否则凶险。这些，在今天仍有借鉴意义。

鼎【五十】火风鼎

《鼎》：元吉，亨。

译文 大吉，亨通。

《彖》曰：《鼎》，象也；以木巽火，烹饪也。圣人亨以享上帝，而大亨以养圣贤。巽而耳目聪明，柔进而上行，得中而应乎刚，是以"元亨"。

译文 《彖传》说：《鼎》，是一种物象。卦象是巽下离上，木下火上，把木柴放进火里，烹煮食物。圣人烹煮食物来祭祀上帝，用大量的食物来供养圣贤。巽下离上，谦下明上，象征着人谦虚而耳目聪明；本卦初爻为阴为柔，上升到第五爻，是柔得中而与刚相应，因此大通顺。

《象》曰：木上有火，《鼎》。君子以正位凝命。

译文 《象传》说：本卦下卦为巽为木，上卦为离为火，木上有火，构成《鼎》卦的卦象。君子观此卦象，从而摆正自己位置，完成上级命令。

初六：鼎颠趾，利出否①，得妾以其子，无咎。

译文 "初六"最下位，相当于鼎的脚。鼎没煮食物时，翻倒，有利于倒出污物，就像讨妾生了儿子，所以说，不会有灾难。

《象》曰："鼎颠趾"，未悖也。"利出否"，以从贵也。

译文 《象传》说："鼎颠趾"，没有悖谬。"利出否"，因为母以子贵而为正妻。

九二：鼎有实，我仇有疾，不我能即，吉。

译文 鼎中有食物，我的配偶有病，不能跟我同吃，但终将吉利。

注释 <<<
①否：恶、失的意思。

《象》曰："鼎有实"，慎所之也。"我仇有疾"，终无尤也。

译文 ☯ 《象传》说："鼎有实"，谨慎它的去处。"我仇有疾"终于没有灾害。

九三：鼎耳革，其行塞，雉膏不食，方雨，亏，悔，终吉。

译文 ☯ 鼎耳坏了，难以搬动，鼎里的野鸡肉吃不到，天正好下雨，落入鼎里，美味亏损，感到悔恨，但最终吉利。

《象》曰："鼎耳革"，失其义也。

译文 ☯ 《象传》说："鼎耳革"，失去了它的作用。

九四：鼎折足，覆公𫗧，其形渥，凶①。

注释 <<<
①𫗧：羹。形渥：湿淋淋。

译文 ☯ 折断鼎足，打翻了王公的美食，弄得湿淋淋汁液满地，比附那些才能不足以担当大任的人，必然凶险。

《象》曰："覆公𫗧"，信如何也？

译文 ☯ 《象传》说："覆公𫗧"，这样的人怎么能值得信任呢？

六五：鼎黄耳金铉，利贞。

译文 ☯ 鼎耳是用黄铜做的，横杠也是黄铜做的，只要坚守正道，当然有利。

《象》曰："鼎黄耳"，中以为实也。

译文 ☯ 《象传》说："鼎黄耳"，是说六五居中而充实。

上九：鼎玉铉，大吉，无不利。

离上

巽下

译文 😊 在鼎的横杠上镶玉，大吉，无往不利。

> 《象》曰："玉铉"在"上"，刚柔节也。

译文 😊 《象传》说："玉铉"在上位，上九阳爻在上，六五阴爻在下，刚和柔得到调节。

评点 😊 《鼎》卦，巽下离上，木下火上。从卦形上看，木下火上，把木柴点燃，烹煮食物，所以是《鼎》。应与上一卦《革》相联系来理解，即为"革"故"鼎"新。《鼎》的特点是水火相济来完成烹饪，以达到取新的效果。该卦强调贵和的原则，"得中而应乎刚"，"得中"是和，"应乎刚"是刚柔相应，恰到好处，完成烹饪。这一卦还阐释了用人的道理，起用贤能，方能除旧布新，要知人善用，小人成事不足，败事有余，不足以担当重任。"鼎折足"，讲的就是才小任重的人要坏事的道理。鼎足之于鼎，犹如大臣之于君，鼎足折了要"震公𫗧"，大臣不贤，则会坏了国家大事，其结果必然凶险。可见用人之重要，同时也讲到贤能之人没有被重用，不可心灰意懒，要坚守正道，必有能施展抱负的机会。而已被重用的人要"正位凝命"，要摆正位置，持正以居其位，并努力完成上级的命令。

震【五十一】雷雷震 ䷲

> 《震》：亨。震来虩虩，笑言哑哑①。震惊百里，不丧匕鬯②。

译文 😊 震动，本身就能亨通。当地震来时，人人恐惧，唯有记取教训，知道戒惧，以后才能谈笑；也可以解释成当地震来时，使百里以内震荡，但以诚祭礼的人，手中的匙和酒，却没有掉落，以比喻平时戒慎恐惧，当突然遭受震荡时，不会惊慌失措，而能从容镇定。

> 《象》曰：《震》，"亨"。"震来虩虩"，恐致福也；"笑言哑哑"，后有则也。"震惊百里"，惊远而惧迩也；"不丧匕鬯"，出可以守宗庙社稷，以为祭主也。

译文 ☯ 《彖传》说：《震》卦，亨通。"震来虩虩"，恐惧谨慎会招致幸福；"笑言哑哑"，后来行动有法则。"震惊百里"，使远近地方都惊惧。"不丧匕鬯"，出去可以守护宗庙国家，作为祭祀宗庙社稷的祭主。

《象》曰：洊雷，《震》。君子以恐惧修省。

译文 ☯ 《象传》说：下卦震雷与上卦震雷相重，构成《震》卦的卦象，君子观此卦象，从而恐惧谨慎，认真反省自己，修德养性。

初九：震来虩虩，后笑言哑哑，吉。

译文 ☯ 雷声震响，片刻后谈笑如常，吉祥。

《象》曰："震来虩虩"，恐致福也。"笑言哑哑"，后有则也。

译文 ☯ 《象传》说："震来虩虩"，恐惧谨慎会招致幸福。"笑言哑哑"，后来行动有法则。

六二：震来厉，亿丧贝，跻于九陵，勿逐，七日得①。

译文 ☯ 霹雷打下来有危险，只丢了钱币，登上九重山，不用寻找，到七天可以得到。

《象》曰："震来厉"，乘刚也。

译文 ☯ 《象传》说："震来厉"，是六二柔爻凌驾于初九刚爻之上。

六三：震苏苏，震行无眚②。

译文 ☯ 震雷来临时，恐惧不安，但如果恐惧而能改过行善，则不会有灾难。

《象》曰："震苏苏"，位不当也。

译文 🔯 《象传》说："震苏苏"，是因为六三阴爻居阳位，处的位置不当。

九四：震遂泥。

译文 🔯 霹雷下击入地。

《象》曰："震遂泥"①，未光也。

译文 🔯 《象传》说："震遂泥"，没有光亮。

注释 <<<
①遂：通"坠"。泥：滞泥。
②索索：沮丧发抖。矍矍：视线不安定。
③言：斥责的话。

六五：震往来，厉，意无丧有事。

译文 🔯 雷声震来震去，很危险，没有什么损失，但有事发生。

《象》曰："震往来厉"，危行也。其事在中，大无丧也。

译文 🔯 《象传》说："震往来厉"，是说在危险中行动，有事情发生。但六五在上卦中位，像人行中正之道，因而完全没有损失。

震
上

震
下

上六：震索索，视矍矍②，征凶。震不于其躬，于其邻，无咎。婚媾有言③。

译文 🔯 "上六"阴柔，不中不正，又在震惊的极点，以致在雷震中惊恐沮丧，目光闪烁，心神不定；任何行动，必然凶险。雷震发生在邻家，无害。但亲戚们有怨言。

《象》曰："震索索"，中未得也。虽凶无咎，畏邻戒也。

译文 🔯 《象传》说："震索索"，是因为本爻不处中位，象征人没有得中正之道。即使凶险也没有害处，只是害怕邻居戒备。

评点 《震》卦，卦象是一阳动于二阴之下，动并且震惊，所以这一卦是讲如何应对震惊的事情，从卦辞上看，对打雷有三种态度，一是惊恐；一是照样谈笑，不以为意；一是非常镇定。表面上是写"打雷"后的反应，实际上《震》卦在阐释发生意外的大事故，受到震惊该怎么办的道理。提示人们只有记取教训，凡事戒备恐惧，像对待打雷那样便可避免灾祸。做到镇定从容，即或遭遇灾难，也可以使损害减少到最低限度，并能迅速复原。这就是《象传》的作者提出的"君子以恐惧修省"的观点，把《震》卦纳入了修身反省的道德范畴。告诫人们平时要多戒惧谨慎，经常反省，就可以防患于未然。

 艮【五十二】山山艮

《艮》①：艮其背，不获其身，行其庭，不见其人，无咎。

译文 人的身体，背部静止，身体则能静，用来比喻内心安静，不为外界所动，所以在走过人的庭院，也不会觉得有人存在，这样，则不会有灾难。

《彖》曰：《艮》，止也。时止则止，时行则行；动静不失其时，其道光明。艮其止，止其所也。上下敌应，不相与也，是以"不获其身，行其庭，不见其人，无咎"也。

译文 《彖传》说：《艮》是停止或静止的意思。该什么时候止就止，该什么时候动就动，动和静都不失其时，它的道才光明。停止的是应该停止的东西，说明停止正好适得其所。上下卦阴爻和阴爻、阳爻和阳爻相应，都是敌应，不是一刚一柔的相助，因此"不获其身，行其庭不见其人，无咎"。

《象》曰：兼山，《艮》。君子以思不出其位。

译文 《象传》说：本卦为两艮卦相重，艮为山，山重山，是《艮》卦的卦象。君子观此卦象，思考的是不要超出他的职位。

初六：艮其趾，无咎，利永贞。

注释 <<<
①限：界限，指腰部。
列：裂。夤：脊背肉。

译文 ☯ 　使脚趾停止，行动在没有发生之前停止，不会失当，没有灾难，坚守正道，才能有利。

> 《象》曰："艮其趾"，未失正也。

译文 ☯ 　《象传》说："艮其趾"，没有失去正道。

> 六二：艮其腓，不拯其随，其心不快。

译文 ☯ 　停止小腿的活动，却不帮助相随的大腿也停止活动，他心里不畅快。

> 《象》曰："不拯其随"，未退听也。

译文 ☯ 　《象传》说："不拯其随"，是别人不愿听从。

> 九三：艮其限，列其夤，厉，熏心①。

译文 ☯ 　停止腰部活动，腰部两边的肉像要裂开似的，危险，心都要熏焦了。

> 《象》曰："艮其限"，危"熏心"也。

译文 ☯ 　《象传》说："艮其限"，危险在熏焦了心。

> 六四：艮其身，无咎。

译文 ☯ 　停止上身的活动，没有灾难。

> 《象》曰："艮其身"，止诸躬也。

译文 ☯ 　《象传》说："艮其身"，注意力停止在他的身上。

> 六五：艮其辅，言有序，悔亡。

译文 ☯ 　停止面颊活动，说话中肯，条理分明，使担心的后悔消除。

艮上

艮下

《象》曰："艮其辅"，以中正也。

译文 《象传》说："艮其辅"，是由于中正。

上九：敦艮，吉。

译文 "上九"最上方，是止的终极，一切到此停止，要更加谨慎敦厚，吉祥。

《象》曰："敦艮"之"吉"，以厚终也。

译文 《象传》说："敦艮"的"吉"，是用厚道做归宿。

评点 《艮》卦，艮上艮下。山下山上，山是止，是止而又止的意思。同时艮又有注视、注意的含义。卦辞主要讲只知局部而不顾整体是没有用的道理。"行其庭，不见其人"，是在比附一座大宅院没有人居住，等于废宅，来说明"艮其背"是不能观察到人的全身的，反映了整体观念。爻辞更多地讲的是适可而止的道理。有行动，就有停止，要自我控制适时、适地、适当地停止，如停止在行动开始之前"艮其趾"，可以防微杜渐，才不会失当；不知节制，应止不止，或止而不当，结果必然不好，如"艮其腓，不拯其随，其心不快"等，更严重的将会"厉，熏心"。所以要达到不为外物所动，言语行动都能自我节制，动静得宜，止于至善，这才是止的最高境界。

渐【五十三】风山渐

《渐》：女归吉，利贞。

译文 女子出嫁，吉祥，坚守纯正有利。

《彖》曰：《渐》之进也，"女归吉"也。进得位，往有功也；进以正，可以正邦也。其位，刚得中也；止而巽，动不穷也。

译文 《彖传》说：《渐》是缓慢前进，"女归吉"，女进到夫家得居主妇之位，前往有功，如果君王也能正其位，必能治理好国家。九五阳爻为刚居上卦中位，下卦为艮为止，上卦为巽为逊，像人沉着而谦逊，如此行动，无往而不利，永不困穷。

《象》曰：山上有木，《渐》。君子以居贤德善俗。

译文 《象传》说：本卦下卦为艮为山，上卦为巽为木，山上有木，是《渐》卦的卦象，君子观此卦象，从而以贤德自居，积累美好的品德去改善社会风俗。

初六：鸿渐于干，小子厉，有言，无咎①。

译文 鸿雁是一种水鸟，在水边渐进，像小孩学步一样，有大人担心的语言，但没有过错。

注释 <<<
①干：水边。言：怨言。
②磐：大石。衎衎：和乐状。

《象》曰："小子"之"厉"，义无咎也。

译文 《象传》说："小子"之"厉"，从道理上说是没有害处的。

六二：鸿渐于磐，饮食衎衎，吉②。

译文 鸿雁已渐进到磐石，坚固平坦，为落脚安稳处。和乐的饮食，象征具备正的德行，地位安定，所以吉祥。

《象》曰："饮食衎衎"，不素饱也。

巽上

艮下

译文 🔆　《象传》说："饮食衎衎"，是说自食其力，不吃闲饭。

> 九三：鸿渐于陆，夫征不复，妇孕不育，凶。利御寇。

译文 🔆　鸿雁渐渐走上陆地。丈夫出征不回来，妇人有孕流产，凶险。对防御外敌有利。

> 《象》曰："夫征不复"，离群丑也。"妇孕不育"，失其道也。"利用御寇"，顺相保也。

译文 🔆　《象传》说："夫征不复"，是离开了成群的同侣。"妇孕不育"，是由于失去了保胎的方法。"利用御寇"，是顺乎情理地保卫国家。

> 六四：鸿渐于木，或得其桷①，无咎。

译文 🔆　鸿雁落到树上，或者落在橡木上，才能站稳，没有灾难。

> 《象》曰："或得其桷"，顺以巽也。

译文 🔆　《象传》说："或得其桷"，是因为六四阴爻居于九五阳爻之下，顺从而又能安身。

> 九五：鸿渐于陵，妇三岁不孕，终莫之胜，吉。

译文 🔆　鸿雁渐渐前进到高陵上。妇三年都没有怀孕，到底没有人欺侮她，吉利。

> 《象》曰："终莫之胜，吉"，得所愿也。

译文 🔆　《象传》说："终莫之胜，吉"，是说实现了愿望。

> 上九：鸿渐于陆②，其羽可用为仪，吉。

译文 ☯ "上九"最上位,鸿雁在天空飞向远方,掉落的羽毛,可以用做舞具。吉祥。

> 《象》曰:"其羽可用为仪,吉",不可乱也。

译文 ☯ 《象传》说:"其羽可用为仪,吉",是说不可乱加处理的。

评点 ☀ 《渐》卦,艮下巽上、山下木上。这一卦六爻都取象于鸿雁,并自下而上论述,阐释了仕进的过程。总的观点是渐进,一步一步地由下而上地升进。卦辞强调的是一个"正"字,以女子出嫁,进入夫家,取得家庭主妇之位治理好家庭,来比附国君也要"进以正,可以正邦也",即像主妇治家那样,治理好国家。符合"家齐而后国治"的传统观念。爻辞从"鸿渐于干"到"磐",到"陆"到"木",到"陵"到"阿",较为形象地论述了渐进的全过程。"鸿雁"即是"人",它的渐进,就是人的"仕进"的过程。所以,爻辞在描述鸿雁渐进过程中,告诫人们要具有刚毅品德,不可勉强,不能冒进,依据状况,把握时机,脚踏实地,一步一个脚印,扎扎实实地向前迈进,动静顺乎自然,才能得以升进。否则,操之过急,刚强冒进,就有危险。

 归妹【五十四】雷泽归妹䷵

> 《归妹》:征凶,无攸利。

译文 ☯ 出征凶险,没有任何好处。

> 《彖》曰:《归妹》,天地之大义也。天地不交而万物不兴。《归妹》,人之终始也。说以动,所以《归妹》也。"征凶",位不当也。"无攸利",柔乘刚也。

译文 ☯ 《彖传》说：《归妹》是天经地义的事，天地不相交则万物不生长。《归妹》，是人类繁衍的起点。兑下震上，悦下动上，就是悦而动，这就是所说的《归妹》卦。"征凶"是因为九二、九四都是阳爻居阴位，六三、六五阴爻居阳位，位置不当。"无攸利"，是因为六三阴爻在九二阳爻之上，六五阴爻在九四阳爻之上，即阴柔凌驾于阳刚之上。

《象》曰：泽上有雷，《归妹》。君子以永终知敝。

译文 ☯ 《象传》说：本卦下卦为兑为泽，上卦为震为雷，泽上有雷，是《归妹》卦的卦象。君子观此卦象，从而要考虑夫妇的永远有好结果，知道婚姻的流弊。

初九：归妹以娣^①，跛能履，征吉。

译文 ☯ "初九"位下方，与上卦又无正当的相应，所以不是正妻，以跟随姐姐出嫁为娣比附身份卑贱，就像跛脚的人走路，能够走动的范围有限。但"初九"刚爻，象征女人有阳刚的德性，虽以妾的身份出嫁，仍然吉祥。

《象》曰："归妹以娣"，以恒也。"跛能履吉"，相承也。

注释 <<<
①娣：姐妹同嫁一夫，妹为娣。

译文 ☯ 《象传》说："归妹以娣"，是按着常规办事。"跛能履吉"，是因为有人相帮。

九二：眇能视，利幽人之贞。

译文 ☯ 眼睛有一只瞎了仍能看见，有利于被幽禁的人的坚守纯正。

《象》曰："利幽人之贞"，未变常也。

译文 ☯ 《象传》说："利幽人之贞"是因为没有改变常态。

六三：归妹以须，反归以娣。

译文 ☯ 嫁女时以其姊陪嫁，夫家把妹逐回娘家。

震上

兑下

《象》曰："归妹以须"，未当也。

译文 ☯ 《象传》说："归妹以须"，是不恰当的。

九四：归妹愆期①，迟归有时。

注释 <<<
①愆：误。

译文 ☯ 嫁女误了婚期，迟嫁是有所等待。

六五：帝乙归妹，其君之袂，不如其娣之袂良。月几望，吉。

译文 ☯ 殷帝乙嫁女，她的衣袖不及她妹妹的衣袖美，结婚在月半后，才会吉祥。

《象》曰："帝乙归妹"，"不如其娣之袂良"也。其位在中，以贵行也。

译文 ☯ 《象传》说："帝乙归妹"，"不如其娣之袂良"，是本爻爻位在上震中间，象征女嫁夫家处于尊贵之处。

上六：女承筐无实，士刲羊无血，无攸利。

译文 ☯ 女捧筐，筐中无物；男刺羊不出血，没有什么好处

《象》曰："上六"无实，"承"虚"筐"也。

译文 ☯ 《象传》说：上六所说的有筐无实，是说手中捧的是空筐。

评点 　《归妹》，兑下震上，泽下雷上。这一卦是专门讲婚姻的卦。反映了先秦时期婚姻的各种情形，有"归妹以娣"的姊妹同嫁一夫的风俗，有妇人被关在宫内的"幽人之贞"，有帝乙嫁女的大事，等等。《象传》里提出了"说以动"，是说男女相悦后才应结婚，在当时就能有这种近似自由婚姻的想法是难能可贵的。《象传》还提到"君子以永终知敝"，是说婚姻要考虑到白头偕老的"永终"问题，同时也要考虑到婚姻中的各种流弊，在今天看来，仍然是很先进的。总之，《归妹》卦，论述了婚姻是天经地义的大事，必须慎重，不可违背原则，不可强求，宁可迟婚，也要有所等待，以及坚贞的妇德等等。现在读来，仍有意义。

丰【五十五】雷火丰

《丰》①：亨，王假之，勿忧，宜日中。

注释 <<<
①丰：以高杯盛物，盛大的意思。

译文 　亨通，君王到宗庙祭祀，不用担忧，应该在太阳正中祭。

《彖》曰：《丰》，大也；明以动，故《丰》。"王假之"，尚大也；"勿忧，宜日中"，宜照天下也。日中则昃，月盈则食；天地盈虚，与时消息，而况于人乎？况于鬼神乎？

译文 　《彖传》说：《丰》卦是大的意思。下卦为离为明，上卦为震为动。明而动所以称为《丰》卦。"王假之"，是表示对祭祀大事的重视。"勿忧，宜日中"，是说这个时候太阳当头，最便于普照天下。太阳正中后就要偏西，月亮盈满后就会亏缺，都是随着时间的变化而发生的，何况人事呢？何况鬼神呢？

《象》曰：雷电皆至，《丰》。君子以折狱致刑。

译文 　《象传》说：本卦的上卦为震为雷，下卦为离为电，雷和电都来了，构成了《丰》卦的卦象。君子观此卦象，从而裁断狱讼，施行刑罚。

初九：遇其配主，虽旬，无咎，往有尚。

译文 ☯　　遇到相配的女主人，虽然经过十日，但不会有灾难，前往会受到尊重。

注释 <<<
①蔀：遮日的帘。斗：北斗星。
②沛：幔幕。沫：昧，小星。

> 《象》曰："虽旬无咎"，过旬灾也。

译文 ☯　　《象传》说："虽旬无咎"，过了十天就有灾难。

> 六二：丰其蔀，日中见斗①。往得疑疾，有孚，发若吉。

译文 ☯　　太阳被大地遮掩，正午也可以看到北斗星，前去得到的疑病，用诚信启发他，吉祥。

> 《象》曰："有孚发若"，信以发志也。

译文 ☯　　《象传》说："有孚发若"，是说用诚信启发他的意志。

> 九三：丰其沛，日中见沫②。折其右肱，无咎。

译文 ☯　　用大的帷幔，掩蔽太阳，正午可以见到小星。折断他的右臂，无灾难。

> 《象》曰："丰其沛"，不可大事也。"折其右肱"，终不可用也。

译文 ☯　　《象传》说："丰其沛"，不可做大事。"折其右肱"，最终不可用。

> 九四：丰其蔀，日中见斗，遇其夷主，吉。

译文 ☯　　太阳被大的帘子掩蔽，正午可看到北斗星，如果遇到其等待的主人，就会吉祥。

> 《象传》曰："丰其蔀"，位不当也。"日中见斗"，幽不明也。"遇其夷主"吉行也。

一六三

译文 ☯ 《象传》说："丰其蔀"，是因为九四阳爻居阴位，位置不当。"日中见斗"，是因为处在昏暗不明的环境。"遇其夷主"，是吉利的行动。

> 六五：来章①，有庆誉，吉。

注释 <<<
①章：文采，喻美德。
②窥：窥视。阒：寂静。
觌：见。

译文 ☯ 取得文采，有庆贺喜事，吉。

> 《象》曰："六五"之"吉"，有庆也。

译文 ☯ 《象传》说："六五"之"吉"，是有喜庆之事。

> 上六：丰其屋，蔀其家，窥其户，阒其无人，三岁不觌②。凶。

译文 ☯ 自己闭藏在大房子里，又用帘子将家完全遮蔽，由门缝窥视，寂静无人，多年没有看到有人出来，凶险。

> 《象》曰："丰其屋"，天际翔也。"窥其户，阒其无人"，自藏也。

译文 ☯ 《象传》说："丰其屋"好像是在天边飞翔。"窥其户，阒其无人"，是自己藏起来了。

震上

离下

评点 ◎ 《丰》卦，离下震上，火下震上。这一卦阐释了盛衰无常的道理。卦名是盛大的"丰"，但全卦却是暗无天日，谆谆告诫盛极必衰，提醒人们警惕。卦辞讲王到祖庙祭祀，当时以祭祀当做国家的大事，所以此事正说明"丰大"之意。又提及"宜日中"、"宜照天下"，我们知道，日中照天下，正是太阳极盛之时，"日中则昃"，日过中则倾斜，说明了盈虚消长的客观规律。该卦为提醒人们在盛大时看到衰落，能有所戒惧，在爻辞中精心地选择了"丰其蔀""丰其沛"等天象，这种盛极的丰，反而造成黑暗，要人们注意，在这种黑暗环境中，会使人得疑疾，会使人跌倒，折右臂，只有保持诚信，才能转凶为吉。盛大容易迷失。"丰其屋"说的就是这个道理。所以要居安思危，不能得意忘形，更不能使自己闭塞，陷入黑暗之中。

旅【五十六】火山旅

《旅》：小亨。旅贞吉。

译文 🔵 小小的通顺，旅行中坚守纯正，吉祥。

《彖》曰：《旅》，"小亨"，柔得中乎外而顺乎刚，止而丽乎明，是以"小亨，旅，贞吉"也。《旅》之时，义大矣哉！

译文 🔵 《彖传》说：《旅》，小小的亨通，是由于六五阴爻居外卦中位，处于上九阳爻之下，艮下离上，止下明上，止依附于明，所以说："小亨，旅，贞吉。"《旅》卦的意义是重大的啊！

《象》曰：山上有火，《旅》。君子以明慎用刑，而不留狱。

译文 🔵 《象传》说：本卦上卦为离为火，下卦为艮为山，山上有火，是《旅》卦的卦象。君子观此卦象，从而明察刑狱，慎重用刑，而不拖延要办的案子。

初六：旅琐琐①，斯其所，取灾。

注释 <<<
①琐琐：三心二意。
②即：就、住。次：止、旅舍。

译文 🔵 旅客三心二意，离开他的寓所，因此招致灾祸。

《象》曰："旅琐琐"，志穷灾也。

译文 🔵 《象传》说："旅琐琐"，是志向穷困而自取灾祸。

六二：旅即次②，怀其资，得童仆，贞。

译文 🔵 旅行中最安定的时刻，是投宿在旅舍中；最能安心的，是带有充足的旅费；最可靠的，是有忠实的僮仆。占问，吉。

《象》曰："得童仆贞"，终无尤也。

译文 🔵 《象传》说："得童仆贞"，最终没有过错。

离
上

艮
下

> 九三：旅焚其次，丧其童仆，贞厉。

译文 ☯ 旅途中，投宿的旅舍失火，随身的僮仆又逃亡，即或坚守正道，也有危险。

> 《象》曰："旅焚其次"，亦以伤矣。以旅与下，其义丧也。

译文 ☯ 《象传》说："旅焚其次"，也已经受了伤。凭着旅人的身份带个男仆，从道理讲当然会失去男仆。

> 九四：旅于处，得其资斧，我心不快。

译文 ☯ "资斧"是旅行时所带的钱财。虽然在住处找到他的钱财，但心中仍然不快活。

> 《象》曰："旅于处"，未得位也。"得其斧资"，心未快也。

译文 ☯ 《象传》说："旅于处"，是没有得到恰当的位置。"得其斧资"，心中仍不快活。

> 六五：射雉。一矢亡，终以誉命。

译文 ☯ 射野鸡，一发命中，野鸡带箭飞走，终究得到善射的美名。

> 《象》曰："终以誉命"，上逮也。

译文 ☯ 《象传》说："终以誉命"，是上面赏的。

> 上九：鸟焚其巢，旅人先笑后号咷。丧牛于易①，凶。

译文 ☯ 鸟的巢被烧掉，比喻旅人没有可以安身的地方，旅人先笑后号咷大哭。像在易地丢失了牛一样，比附结果凶险。

评点 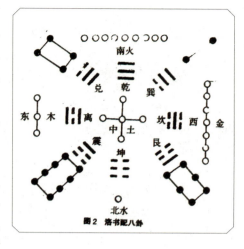 《旅》卦，艮下离上，山下火上。这一卦是讲旅行的专卦。但没有讲如何去旅行的问题，却讲了在旅行中所遇到的麻烦或凶险的问题，意在以旅行不安定来比附出怎样在不安定中求安定的原则。这样由"旅行"，变成说理的卦了。卦辞讲的是旅客在外，只能有小顺通而本来就没有大的顺通，即便得到"小亨"也必须要柔顺而坚守正道，否则便不吉利。初六爻辞讲的旅人三心二意，进退犹豫，最后离开住处，则一定要遭遇灾祸，以此比附在不安定的环境中，要坚守信念，不可动摇的道理；九三所

图2 洛书配八卦

讲的住处被烧，失去男仆，意在强调在不安全的环境中，寻求安身是最重要的道理；上九处于最上位，阳刚外露，不是处柔而顺，结果一定是凶险。意在告诫人们在不安定的环境中一定要"外柔以顺"，以柔克刚，把握中正原则，才能够转危为安。

巽（五十七）风风巽䷸

《巽》：小亨。利有攸往。利见大人。

译文 巽卦是阴卦，以一个阴爻为主爻。因而阴柔，不会有大亨通，只能小有亨通，一阴爻顺从二阳爻，阴顺从阳，是自然的道理，所以前进有利，但顺从也必须选择对象，不可以盲从，因而，要顺从大人物才有利。

《象》曰：重巽以申命。刚巽乎中正而志行，柔皆顺乎刚，是以"小亨，利有攸往，利见大人"。

译文 《象传》说：两个巽卦重叠，意在强调，重申上面的教命。九二、九五阳爻都居中位，像君王行事合于中正之道。志得意行，初六、六四两阴爻分别顺从着九二、九五，象征臣下顺从君王，因此"小亨，利有攸往，利见大人"。

《象》曰：随风，《巽》。君子以申命从事。

译文 🔯 《象传》说：巽为风，两巽卦重叠，所以风随着风，是《巽》卦的卦象。君子观此卦象，从而申明教义，推行政事。

> 初六：进退，利武人之贞。

译文 🔯 "初六"是下卦巽的主爻，在最下方，阴柔，有过度的谦卑现象，因而缺乏信心，进进退退，不够果断，应当有武人般的坚决果断，才有利。

> 《象》曰："进退"，志疑也。"利武人之贞"，志治也。

译文 🔯 《象传》说："进退"，是思想有疑虑。"利武人之贞"，心安不乱。

> 九二：巽在床下，用史巫纷若。吉，无咎。

译文 🔯 "史巫"是职掌占卜、祷告的官。隐藏在床下，请史巫纷纷祷告，吉利，没有害处。

> 九三：频巽，吝。

译文 🔯 "九三"阳刚阳位却频频表示谦逊的态度，又不能做到甘心情愿，所以招来羞辱。

> 《象》曰："频巽"之"吝"，志穷也。

译文 🔯 《象传》说："频巽"之"吝"，是因为不得意。

> 六四：悔亡，田获三品。

译文 🔯 "六四"阴爻阴位得正，所以使后悔消除，就像打猎，会猎得很多野兽。

> 《象》曰："田获三品"，有功也。

译文 🔮 《象传》说："田获三品"，是说办事有成就，有功效。

> 九五：贞吉。悔亡，无不利。无初有终。先庚三日，后庚三日。吉。

译文 🔮 "九五"中正，会吉祥使后悔消除，无不利，开始也许不安定，但最后会有结果，在庚前三日到庚后三日，即从丁日到癸日，是吉利的。

> 《象》曰："巽在床下"，上穷也。"丧其资斧"，正乎凶也。

译文 🔮 《象传》说："巽在床下"，是因为上九高高在上，穷途末路。"丧其资斧"，正是凶险的表现。

评点 ☯ 《巽》卦，是两巽重叠。"巽"，一阴在二阳之下，顺乎阳而善入，所以为《巽》，传统的这种解释，意在从卦象看出《巽》卦的意思是顺从。柔顺刚，则为臣顺君。《象传》提到"位正中也"，是说居君位而中正，所以臣下从君是吉祥的。那么，顺从就要意志坚定，不可动摇，顺从还有谦逊的含义，但也并非盲目服从，必须择善而从，也不能勉强地顺从，更不是虚伪，而要行为正当，恰如其分，否则凶险。

巽上

巽下

兑【五十八】泽泽兑 ䷹

《兑》：亨，利贞。

译文 ☯ 从兑卦的卦形看，内外卦都是刚爻得中，柔爻在外，是外柔内刚的形象，当然使人喜悦，亨通，动机纯正，固守正道，才会有利。

《彖》曰：《兑》，说也。刚中而柔外，说以"利贞"，是以顺乎天而应乎人。说以先民，民忘其劳；说以犯难，民忘其死。说之大，民劝矣哉。

译文 ☯ 《彖传》说：《兑》的意义是和悦。它的卦象是阳爻九二和九五分别居于下兑和上兑的中间，阴爻六三和上六分别在下兑和上兑的外面，是谓刚中而柔外。兑为悦，使人喜悦而"利贞"，因此是顺着自然而应于人心。先于民劳苦使民喜悦，民忘记他们的劳苦，先于民犯难使民喜悦，民忘记他们的牺牲。悦的重要，人民是劝勉了啊！

《象》曰：丽泽，《兑》。君子以朋友讲习。

译文 ☯ 《象传》说：本卦为两兑相叠，兑为泽，丽泽相连，构成《兑》卦的卦象。君子观此卦象，从而广交朋友，相互学习。

初九：和兑，吉。

译文 ☯ 和悦，吉祥。

《象》曰："和兑"之"吉"，行未疑也。

译文 ☯ 《象传》说："和悦"之"吉"，是因为行动没有怀疑。

九二：孚兑，吉，悔亡。

译文 ☯ "九二"得中，心中诚信，与人和悦，当然吉祥，后悔也消失了。

《象》曰："孚兑"之"吉"，信志也。

译文 《象传》说:"孚兑"的"吉",是由于具有诚信的志向。

六三:来兑,凶。

译文 "六三"阴柔,不中不正,又无相应,只好向下讨好"初九""九二",这样以不正当的手段使人喜悦,所以凶险。

《象》曰:"来兑"之"凶",位不当也。

译文 《象传》说:"来兑"的"凶",是因为六三阴爻居阳位,位置不当。

九四:商兑,未宁,介疾有喜。

译文 喜悦的商讨还没有定下来,就像治愈小病,心中喜悦。

九五:孚于剥,有厉。

译文 诚信被剥落,被损害,有危险。

《象》曰:"孚于剥",位正当也。

译文 《象传》说:"孚于剥",是九五阳爻居上兑中位,位置正当被损害的缘故。

上六:引兑。

译文 "上六"是上卦的主爻,阴柔,在兑卦的极点,正在不择手段取悦于人,但这种取悦于人的手段,毕竟不是光明正大,对方是否会被引诱,结果如何,难以判断;所以不能断定是吉是凶。

《象》曰:"上六引兑",未光也。

译文 《象传》说:"上六引兑",这不是光明正大的行为。

评点 ◎ 《兑》卦，兑下兑上。具有和悦的含义。这一卦阐释和悦的原则是"顺乎天而应乎人"，"顺乎天"即顺乎自然规律，"应乎人"是应于人心。这实际上是在讲人与自然要和谐，人与人要和悦，非常了不起。与人和悦，自己也喜悦，可促使人与人之间关系的和谐，但动机必须要纯正，与人和悦要明辨是非，与人和悦要讲诚信；与人和悦要相互平等、尊敬，这就是初九的"和兑"、九二的"孚兑"、九四的"商兑"的真实含义。还应当如卦辞所示，要内刚外柔，坚持原则，和而不同。千万不能用不正当的手段去引诱人，讨好人，引人喜悦，讨好于人结果必凶。这是六三爻辞"来兑"给我们的启示。

 ## 涣【五十九】风水涣

> 《涣》①：亨。王假有庙②，利涉大川，利贞。

译文 ☯ 亨通。君王应以至诚到宗庙祈祷，获得神的保佑，能像过大河般有利于犯险冒难，但必须坚守正道。

> 《彖》曰：《涣》，"亨"，刚来而不穷，柔得位乎外而上同。"王假有庙"，王乃在中也；"利涉大川"，乘木有功也。

译文 ☯ 《彖传》说：《涣》卦，亨通，九二、九五为阳爻，为刚，为内、外卦的主爻，是谓刚来而不穷困。六四为阴为柔，居外卦的阴位，与上面九五的刚爻相配合，是谓柔得位于外而上应。"王假有庙"，是说王在正中位置。"利涉大川"，是说乘木船有功效。

> 《象》曰：风行水上，《涣》。先王以享于帝，立庙。

译文 ☯ 《象传》说：本卦上卦为巽，巽为风；下卦为坎，坎为水，风行水上，构成《涣》卦的卦象。君子观此卦象，从而祭祀天帝，并建立神庙。

> 初六：用拯马壮，吉。

译文 ☯ 用健壮的马追赶，就可以拯救，转为吉祥。象征开始要用积极手段拯救涣散。

> 《象》曰："初六"之"吉"，顺也。

译文 ☯　《象传》说："初六"的"吉"，是马顺从人意。

> 九二：涣奔其机①，悔亡。

译文 ☯　水流奔涌，直冲台阶，冲洗了院内脏秽，悔恨消失。

> 《象》曰："涣奔其机"，得愿也。

译文 ☯　《象传》说："涣奔其机"，得到愿望。

> 六三：涣其躬②，无悔。

译文 ☯　水流冲洗身体，没有悔恨。

> 《象》曰："涣其躬"，志在外也。

译文 ☯　《象传》说："涣其躬"，是说志向在外。

> 六四：涣其群，元吉。涣有丘，匪夷所思③。

译文 ☯　涣散自私的群体，水流冲洗丘陵，不是平常人想象的。

> 《象》曰："涣其群，元吉"，光大也。

译文 ☯　《象传》说："涣其群，元吉"，影响广大。

> 九五：涣汗其大号，涣王居，无咎。

译文 ☯　"九五"阳刚中正，象征君王。当天下涣散的时刻，明确的命令像汗一般发出，令出必行；水流冲到王宫，但没有害处。

> 《象》曰："王居无咎"，正位也。

译文 ☯　《象传》说："王居无咎"，是端正王位。

> 上九：涣其血，去，逖出，无咎④。

注释 <<<
①机：作"阶"，台阶。
②躬：自身。
③夷：平，平常人的意思。
④血：伤害。逖：远。

译文 ☯ "上九"已是涣散的极点，但距离下卦"坎"的险最远，不会受到流血的伤害。所以，远离可能受伤的场所，应不会有灾难。

《象》曰："涣其血"，远害也。

译文 ☯ 《象传》说："涣其血"，远离危害。

评点 ✿ 《涣》卦，坎下巽上，水下风上，从卦象来看，是风吹水上，形成水波离散的现象，所以"涣"有涣散的含义。借指散布教化，卦辞说"王假有庙"，《象传》说"先王以享于帝"，就是要立庙设教，散布以神道来巩固其统治。但纵观爻辞，这一卦实际上更多的是讲如何克服、改变、挽救涣散的原则，首先要施以感化的措施，利用祭祀的手段，看到君王的诚意，民众方能聚集起来，在思想上达到统一，坚守正道，这是挽救涣散的开端；其次要用积极手段去改变涣散现状，雷厉风行，采取强有力的措施；再次是要求君王要起表率作用，去掉私心，积极有所作为，做出常人难以想象的壮举，使涣散的群体重新凝聚起来，团结得像山丘一样牢固，只有顺应民情，为公造福，才能促成真正的大团结。

巽上

坎下

节【六十】水泽节 ䷻

《节》:亨。苦节①,不可贞。

译文 节制是美德,因此亨通,以节制为苦,不利于坚守正道。

《彖》曰:《节》,"亨",刚柔分而刚得中。"苦节,不可贞",其道穷也。说以行险,当位以节,中正以通。天地节而四时成;节以制度,不伤财,不害民。

译文 《彖传》说:《节》卦,"亨通",是因为上卦为坎,为阳为刚,下卦为兑,为阴为柔,九五、九二分别居于上坎、下兑中位,是谓刚柔分而刚得中。"苦节,不可贞",是说这是行不通的道理。下兑为悦,上坎为险,是用和悦的态度通过凶险,应该节制的地方就节制,得中正之道而达亨通。天地由于有节制,而形成四时节气,制定各种法度来节制社会,既不浪费财物,又不伤害人民。

《象》曰:泽上有水,《节》。君子以制数度,议德行。

译文 《象传》说,本卦下卦为兑,兑为泽;上卦为坎,坎为水。泽上有水,构成《节》卦的卦象。君子观此卦象,从而建立礼仪法度,议定伦理制度。

初九:不出户庭,无咎。

译文 "初九"阳刚得正,因而,自我节制,不走出内院,能够这样慎重,就不会有灾难。

《象》曰:"不出户庭",知通塞也。

译文 《象传》说:"不出户庭",是因为深知畅通和阻塞之道。

九二:不出门庭②,凶。

译文 "九二"阳刚,得中,已经可以出外,但位不正,上边无应援,不知道融通,仍节制,即应外出而不外出,所以凶险。

坎上

兑下

《象》曰:"不出门庭,凶",失时极也。

译文 🌓 《象传》说:"不出门庭,凶",是因为坐失良机,错误之极。

六三:不节若,则嗟若,无咎。

译文 🌓 "六三"阴柔,不中不正,以致不能节制,造成不得不叹息的结果。"无咎"在这里是咎由自取,又能责怪谁的意思。

《象》曰:"不节"之"嗟",又谁咎也?

译文 🌓 《象传》说:"不节"的"嗟",又能怪谁呢?

六四:安节,亨。

译文 🌓 心安理得地节制,所以亨通。

《象》曰:"安节"之"亨",承上道也。

译文 🌓 《象传》说:"安节"的"亨",是由于六二阴爻服从于上面九五阳爻。

九五:甘节,吉。往有尚。

译文 🌓 甘心守节制,吉祥。发展下去会有很大的好处。

上六:苦节,贞凶,悔亡。

译文 🌓 以守节度为苦,坚持下去凶险,守节度则悔恨就会消失。

评点 《节》卦，兑下坎上，泽下水上，水流入泽中，过度就会溢出，甚至泛滥成灾，应加以节制。所以叫《节》卦。这一卦讲的就是节制的原则。卦辞旗帜鲜明地表明节制是美德，所以，亨通，如果以节制为苦，则不利于坚守正道。爻辞进一步阐释了这一观点，六四爻辞说"安节，亨"，六五爻辞说"甘节，吉"，这是说安心守节度是亨通的，甘心守节度是吉利的，反之，上六爻辞说"苦节，凶"，比卦辞更进一步强调：以节为苦结果一定凶险，很明显，这一卦是以守节度为美德，而以不节为恶行，反映了那个时代先民们的"贵节"的道德观念。另外《节》卦在强调人们守节，用法律、制度、礼仪，来限制人的行动的同时还讲到适度的问题，也就是初九的"不出户庭，无咎"和"九二不出门庭，凶"。前者当节制时节制，则没有害处，后者不当节制时，仍节制，所以一定凶险。

中孚【六十一】风泽中孚

《中孚》：中孚①，豚鱼②，吉，利涉大川。利贞。

注释 <<<
①中孚：心中诚信。
②豚鱼：指平民用豚鱼作祭品。

译文 身份低的平民，虽然简单地用豚鱼作祭品，但心中诚信，仍会被神赐福，所以吉祥。又用有利于渡过大河，比附心中诚信，就可以冒险犯难，不过，必须以坚守正道为先决条件。

《彖》曰：《中孚》，柔在内而刚得中；说而巽，孚乃化邦也。"豚鱼吉"，信及豚鱼也；"利涉大川"，乘木舟虚也；中孚以"利贞"，乃应乎天也。

译文 《彖传》说：《中孚》卦，阴柔之爻居于内，阳刚之爻居于外，并且九二、九五居上、下卦的中位。是谓柔在内而刚得中。和悦而谦逊，这样的诚信是能教化他的邦国的。"豚鱼吉"，是说诚信能够达到了豚鱼。"利涉大川"，是因为乘坐空的木船，内心诚信，有利于坚守正道，这与天理是相呼应的。

《象》曰：泽上有风，《中孚》。君子以议狱缓死。

译文 《象传》说：本卦上卦为巽为风，下卦为兑为泽，泽上有风，是《中孚》卦的卦象。君子观此卦象，从而审议狱讼，从宽处理死囚。

一七七

注释 <<<
①虞:安心。燕:与"安"同。
②阴:荫。靡:共,指共饮。
③望:满月。

初九:虞吉,有它不燕①。

译文 ☯ 安居,吉。有意外,不安。安心则吉,有其他想法就不得安宁了。

《象》曰:"初九虞吉",志未变也。

译文 ☯ 《象传》说:"初九虞吉",意志没有改变。

九二:鸣鹤在阴,其子和之;我有好爵,吾与尔靡之②。

译文 ☯ "九二"与"九五"都得中,阳刚充实,象征心中诚信,能呼应。就像鹤在荫处鸣叫,小鹤也会应和;我有好酒,愿意与你同杯共享。

《象》曰:"其子和之",中心愿也。

译文 ☯ 《象传》说:"其子和之",是出于内心的意愿。

六三:得敌,或鼓或罢,或歌或泣。

译文 ☯ 遇到敌人,有的击鼓,有的疲惫,有的哭泣,有的唱歌。

《象》曰:"或鼓或罢",位不当也。

译文 ☯ 《象传》说:"或鼓或罢",是六三阴爻居阳位,所处的爻位不当。

六四:月几望③,马匹亡,无咎。

译文 ☯ 过了月半,马匹跑掉,没有害处。

《象》曰:"马匹亡",绝类上也。

译文 🌓 《象传》说："马匹亡"，杜绝类似上次的事。

> 九五：有孚挛如，无咎。

译文 🌓 有诚信连贯着，没有害处。

> 《象》曰："有孚挛如"，位正当也。

译文 🌓 《象传》说"有孚挛如"，是由于九五阳爻居中，是爻位正恰当。

> 上九：翰音登于天，贞凶。

译文 🌓 "上九"阳刚，孤高自鸣得意，就像鸡不能高飞，却要登天，不久就坠落到地上；鸡能够长鸣，声音响亮，到达天上，但本身却仍然留在地下。筮遇此爻凶险。

> 《象》曰："翰音登于天"，何可长也？

译文 🌓 《象传》说："翰音登于天"，怎么可以长久呢？

评点 ☯ 《中孚》卦，兑下巽上。指心中诚信。这是讲诚信问题的专卦。诚信很重要，卦辞上升到神圣的高度来说明这一道理：只要心中诚信，如用小猪、鱼这样的微薄之物来祭祀，"神"也能赐福而吉祥。《象传》具体讲了诚信的要求："柔在内而刚得中，说而巽。"是说内柔和而又刚正，既和悦而又谦逊，这样的诚信是能教化他的邦国的。同时，诚信要以刚直中正为主，方能"应乎天"，合于自然规律，而又能感化人，使人顺从。爻辞讲到诚信为立身处世的根本，做到诚信就能"虞吉"，是"中心愿"，并以纯正为先决条件，促进和谐，有所选择，彼此沟通，引起共鸣，像鸟儿之间的应和，如知音间的畅饮，该是多么的美好。当然，更要虚心，诚信不是过度自信，或自以为是诚信。过了头，刚直中正便会走向刚愎孤高，如上九，虽"登于天"，其结果也是凶的。

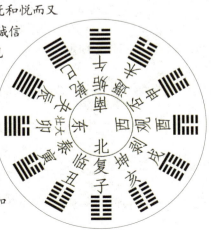

小过【六十二】雷山小过

《小过》：亨，利贞。可小事，不可大事。飞鸟遗之音，不宜上，宜下。大吉。

译文 这一卦阴多于阳，是阴爻过度，有亨通的含义，但必须坚守正道，对小事可以，大事则不可以。又像鸟飞过，只留下叫的声音，不宜往上飞，要往下飞，才能找到栖息的地方。象征在小有过度的时刻，不要好高骛远，应当务实，才会大吉。

《彖》曰：《小过》，小者过而亨也；过以"利贞"，与时行也。柔得中，是以"小事吉"也；刚失位而不中，是以"不可大事"也。有"飞鸟"之象焉，"飞鸟遗之音，不宜上，宜下，大吉"，上逆而下顺也。

译文 《彖传》说：《小过》卦是说小的错误，关系不大，还是通顺的。小错误"利贞"，是应时行动，阴爻居于上下卦的中间，因此"小事吉"；阳刚之爻失去应有位置而不得中位，因此"不可大事"。卦中有飞鸟的喻象，"飞鸟遗之音，不宜上，宜下，大吉"，是因为飞上去违反人们的心愿，飞下来才顺着人们的心愿。

《象》曰：山上有雷，《小过》。君子以行过乎恭，丧过乎哀，用过乎俭。

译文 《象传》说：本卦下卦为艮为山，上卦为震为雷，是《小过》卦的卦象。君子观此卦象，从而行为更过于恭敬，丧事更过于悲哀，用度更过于节俭。

初六：飞鸟以凶。

译文 飞鸟带来凶兆。

《象》曰："飞鸟以凶"，不可如何也。

译文 《象传》说："飞鸟以凶"，这是无可奈何的事情。

六二：过其祖，遇其妣；不及其君，遇其臣，无咎。

震上

艮下

译文 错过了祖父，遇到了祖母，不能到达君王面前，遇到了臣，无咎。

《象》曰："不及其君"，臣不可过也。

译文 《象传》说："不及其君"，因臣子不可超过君主。

九三：弗过防之，从或戕之①，凶。

注释 <<<
①戕：杀害。
②弋：带绳的箭。

译文 没有错误，要防备他犯错误，放纵他，或许害了他，这是凶险的。

《象》曰："从或戕之"，凶如何也？

译文 《象传》说："从或戕之"，凶是怎样的啊！

九四：无咎，弗过遇之，往厉必戒。勿用永贞。

译文 没有害处，没有过错，表扬他，日后有犯错误的危险，一定要告诫。占问不是永远好的。

《象》曰："弗过遇之"，位不当也。"往厉必戒"，终不可长也。

译文 《象传》说："弗过遇之"，是由于九四阳爻居阴位，位置不当。"往厉必戒"，因为不可能长久不遇上危险。

六五：密云不雨，自我西郊，公弋取彼在穴②。

译文 乌云密布，从西方郊外涌来，但还是没有下雨。公射箭，在山洞里得到野兽。

《象》曰："密云不雨"，已上也。

译文 《象传》说："密云不雨"，云已经上升了。

上六：弗遇过之，飞鸟离之，凶，是谓灾眚。

译文 不表扬却批评他，如用网来捕飞鸟，凶险，这叫灾祸。

《象》曰："弗遇过之"，已亢也。

译文 《象传》说："弗遇过之"，已经太过分了。

评点 《小过》卦，艮下震上，山下雷上。这一卦讲的是小的过错，从《象传》上看，小的错误为"行过乎恭，丧过乎哀，用过乎俭"。这是君子所犯的小错误，行为过于恭则显拘谨，丧事过于哀痛会伤身，用度过于俭是对自己太苛刻。这些都不会构成大过，然而"过犹不及"，君王不及，看似小过，就非同一般了。九五指君位，君王所犯的错误，按《象传》所说是"不中"，也就是不合乎君位的要求，这样"刚失位而不中，是以不可大事也"。不可以担当大事，这就不是小的错误了。这一卦还提出了防微杜渐的可贵思想，即没有过错时要防备他犯错误，不可姑息放纵，否则会害了他，人非圣贤，岂能无过，无过时要告诫他，反之，则会招致灾祸。

既济【六十三】水火既济

《既济》：亨。小利贞，初吉终乱。

译文 小通顺。占问有小利，开始吉，结果乱。

《彖》曰：《既济》，"亨"小者亨也。"利贞"，刚柔正而位当也。"初吉"，柔得中也；"终"止则"乱"，其道穷也。

译文 《彖传》说：《既济》卦，"亨通"，是小的事业亨通。"利贞"，是由于阳爻阴爻都各得其位。"初吉"，是阴柔居于下离中间，上六爻居九五爻之上，柔乘刚，如臣欺君，是谓"终"止就"乱"，它已穷途末路，陷入了绝境。

《象》曰：水在火上，《既济》。君子以思患而豫防之。

译文 《象传》说：本卦上卦为坎为水，下卦为离为火，水在火上，是《既济》卦的卦象，君子观此卦象，从而想到患难而预防它。

初九：曳其轮，濡其尾，无咎。

译文 过河时，拉动车子的轮子，打湿了车子的后部，无害。

《象》曰："曳其轮"，义无咎也。

译文 《象传》说："曳其轮"，从道理上说是无害的。

六二：妇丧其茀①，勿逐，七日得。

译文 妇女遗失了首饰，不必寻找，过了七日，遗失的首饰就会得到。

《象》曰："七日得"，以中道也。

译文 《象传》说："七日得"，是因为六二居中位，像人得中正之道。

注释 <<<
①茀：妇女的首饰。

坎
上

离
下

一八三

九三：高宗伐鬼方①，三年克之。小人勿用。

注释 <<<
①高宗：殷帝王，名武丁。
鬼方：殷代边疆的民族。
②繻："濡"的错字。袽：
破衣。

译文 🔮 从前高宗讨伐鬼方，经过三年苦战，才得胜，但对小人不予重用。

《象》曰："三年克之"，惫也。

译文 🔮 《象传》说："三年克之"，非常疲惫。

六四：繻有衣袽②，终日戒。

译文 🔮 船漏要用破布堵塞。渡河时为防止漏水，事先准备破布，并且整天严密戒备。

《象》曰："终日戒"，有所疑也。

译文 🔮 《象传》说："终日戒"，是有所疑心。

九五：东邻杀牛，不如西邻之禴祭，实受其福。

译文 🔮 东邻杀牛，举行盛大的祭礼，反而不如西邻饭菜的简单祭祀，实在得到神的福佑。

《象》曰："东邻杀牛"，不如西邻之时也。"实受其福"，吉大来也。

译文 🔮 《象传》说："东邻杀牛"，不如西邻的时候好，"实受其福"，是吉祥大量降临。

上六：濡其首，厉。

译文 🔮 打湿了车头，危险。

《象》曰："濡其首，厉"，何可久也？

译文 🔮 《象传》说："濡其首，厉"，怎么能长久呢？

评点 《既济》卦，离下坎上，水在火上。这一卦颇耐人寻味，从卦象上看，水在火上，会出现两种情况，一是水火相济，二是水火相克。我们知道水能灭火，火也能使水干，实际上这里讲的是物极必反的道理。比附于政治方面的事情则可使人想到创业与守成的关系，"既济"是创业成功了，恰恰在这成功之时，卦爻辞提醒人们不要骄纵，不可得意忘形，要坚守正道，防止"初吉，终乱"，就要防患于未然，不被成功冲昏了头脑，戒惧谨慎，尤其在守成中，牢记战争的残酷，千万不要重用小人等等，这些道理，在卦爻辞中都反复提及以期引起人们的重视。

未济【六十四】火水未济

《未济》：亨。小狐汔济①，濡其尾，无攸利。

译文 这一卦，全部的爻都不正，意味着未完成。也意味着充满发展的可能性，因而亨通。小狐渡河，在几乎渡过的时刻，打湿了尾巴，成功与否，未定，所以，无所利。

《彖》曰：《未济》，"亨"，柔得中也。"小狐汔济"，未出中也；"濡其尾，无攸利"，不续终也。虽不当位，刚柔应也。

译文 《彖传》说：《未济》卦，亨通，是因为六五爻阴柔，居于上卦的中位。"小狐汔济"，没有出于正道。"濡其尾，无攸利"，是没能继续渡河，到达终点。这一卦的每个爻所处的位置虽然都是不当的，但刚与柔却是相应的。

《象》曰：火在水上，《未济》，君子以慎辨物居方。

注释 <<<
①汔：与"迄"同，几乎意。

译文 《象传》说：本卦上卦为离为火，下卦为坎为水，火在水上，是《未济》卦的卦象。君子观此卦象，从而谨慎地辨别物品，使它们各得其所。

初六：濡其尾，吝。

译文 狐渡河打湿了尾巴，招来羞辱。

《象》曰："濡其尾"，亦不知极也。

离上

坎下

译文 ☯ 《象传》说:"濡其尾",也不知道正确的渡法。

> 九二:曳其轮,贞吉。

译文 ☯ 渡河时拖住车轮,坚守正道,吉祥。

> 《象》曰:"九二贞吉",中以行正也。

译文 ☯ 《象传》说:"九二贞吉",是因为九二爻居下卦中位,意为合于中道,做事正确。

> 六三:未济,征凶。利涉大川。

译文 ☯ 没有渡过河,出行凶险。不过,断然冒险反而能够突破困境,找到出路,因而有利于像涉大川那样冒险犯难。

> 《象》曰:"未济,征凶",位不当也。

译文 ☯ 《象传》说:"未济,征凶",是由于六三阴爻居阳位,所处位置不当。

> 九四:贞吉,悔亡。震用伐鬼方,三年,有赏于大国。

译文 ☯ 坚守正道,能够使后悔消失。但须奋起,长期坚持,就像振奋威武讨伐鬼方那样,经过三年艰苦作战,得到大国的赏赐。

> 《象》曰:"贞吉,悔亡",志行也。

译文 ☯ 《象传》说:"贞吉,悔亡",是志向得到了实现。

> 六五:贞吉,无悔,君子之光有孚,吉。

译文 ☯ 作为正当,吉祥,后悔消失;君子的光辉德性,是有诚信,所以吉祥。

《象》曰"君子之光"，其晖吉也。

译文 《象传》说："君子之光"，是君子的光辉普照，因此吉祥。

上九：有孚于饮酒，无咎。濡其首，有孚失是。

译文 有诚信而饮酒，无害。沾湿了脑袋，虽有诚信也不正当了。

《象》曰："饮酒濡首"，亦不知节也。

译文 《象传》说："饮酒濡首"，也是不知道节制。

评点 《未济》卦，坎下离上，水下火上。这一卦与上卦《既济》对照来读，发现了《易经》作者的深刻之处："既济"是成功，所谓功成名就，万事大吉了，这按《易经》观点便是"穷"，事物是发展变化的，所以穷则变、变则通、通则久。因此，在《既济》卦后面的是《未济》卦，表明事物的发展是无穷无尽、没有止境的。充满了朴素的辩证法。该卦如《既济》卦一样，始终在告诫人们坚守正道、防患于未然。值得一提的是，六五、上九爻辞中，共有三处写了"有孚"这个词语，"有孚"是有诚信的意思，"君子之光"是谓"有孚"，可见《易经》的作者对诚信是何等的看重。

系辞上传

【一】

天尊地卑，乾坤定矣。卑高以陈，贵贱位矣。动静有常，刚柔断矣。方以类聚，物以群分，吉凶生矣。在天成象，在地成形，变化见矣。

是故，刚柔相摩，八卦相荡。鼓之以雷霆，润之以风雨，日月运行，一寒一暑。乾道成男，坤道成女。乾知大始，坤作成物。乾以易知，坤以简能。易则易知，简则易从。易知则有亲，易从则有功。有亲则可久，有功则可大。可久则贤人之德，可大则贤人之业。易简而天下之理得矣；天下之理得，而成位乎其中矣。

译文 天是尊贵的，地是低下的，以《乾》卦象天，《坤》卦象地，这样乾尊地卑的位次就确定了。天高地卑的位子已经排列，天贵地贱的位次也就确定了。天动地静有恒常的状态，天刚地柔的性质分明了。事情按照类别或分或合，人物按照群，或分或合，吉凶生出来了。在天上成为日月风雷云雨的表象，在地上成为山川草木鸟兽的形象，变化可见了。

因此，刚柔互相摩擦，八卦的天地雷风水火山泽互相冲激。用雷电来鼓动它，用雨水来滋润它，日月在运行，构成一寒一暑。阳道成为男，阴道成为女。阳气成为大的开始创造，阴气配合着造成万物。乾坤创造万物，用简单平易来显示它们的智慧和才能。平易就容易知道，简单就容易遵从。容易知道就有所依附，容易遵从就有功效。有所依附就可以长久传下去，有功效就可以扩大作用。可以长久传下去就成为贤人的道德，可以扩大作用就成为贤人的事业。容易简单而天下的道理得到了。天下的道理得到了，确定阴阳、刚柔、上下、贵贱的位子就在它的中间了。

【二】

圣人设卦观象，系辞焉而明吉凶。刚柔相推而生变化。

是故，吉凶者，失得之象也。悔吝者，忧虞之象也。变化者，进退之象也。刚柔者，昼夜之象也。六爻之动，三极之道也。

是故，君子所居而安者，《易》之象也。所乐而玩者，爻之辞也。是故，君子居则观其象而玩其辞，动则观其变而玩其占，是以自天祐之，吉无不利。

译文 🔆 圣人创立八卦及六十四卦，观察卦象、爻象，并在各卦各爻之下系属以文辞，用来说明吉或凶。区分阳爻阴爻为刚柔，由刚柔的激荡而产生变化。

因此，卦爻辞中的吉和凶，是人事得和失的象。卦爻辞中的悔和吝，是人心忧惊的象。卦爻辞的变化，是事物旧的退去，新的进来的象。卦爻辞中的刚柔，是昼夜阴阳的象。

六爻的变动，是天道、地道、人道的变化。

因此，君子平居而观察的，是《易经》的象，喜乐而揣摩的是爻的辞。所以君子平居就观察它的象而揣摩它的辞。行动就观察它的变化而揣摩它的占问，因此从天保佑他，使他获得吉祥，没有不利。

【三】

彖者，言乎象者也。爻者，言乎变者也。吉凶者，言乎其失得也。悔吝者，言乎其小疵也，无咎者，善补过也。

是故，列贵贱者，存乎位。齐小大者，存乎卦。辨吉凶者，存乎辞。忧悔吝者，存乎介。震无咎者，存乎悔。是故，卦有小大，辞有险易。辞也者，各指其所之。

译文 🔆 彖辞即卦辞，是讲卦象的。爻辞，是讲爻变的。吉凶，是讲人事的得失的。悔吝，是讲人事的小毛病。无咎，是善于补过的。因此，排列贵贱的，在于爻位。分清大小的，在于卦体。分别吉凶的，在于卦爻辞。忧念悔吝的，在于预防细微的弊害。行动而无咎害的，在于追悔过失而戒惧警惕。所以，卦体中既有刚大之阳爻，也有柔小之阴爻。卦爻辞既有险难之辞，也有平易之辞。卦爻辞是分别指示他的行动方向，使之趋吉避凶。

【四】

《易》与天地准，故能弥纶天地之道。

仰以观于天文，俯以察于地理，是故知幽明之故。原始反终，故知死生之说。精气为物，游魂为变，是故知鬼神之情状。

与天地相似，故不违。知周乎万物，而道济天下，故不过。旁行而不流，乐天知命，故不忧。安土敦乎仁，故能爱。

范围天地之化而不过，曲成万物而不遗，通乎昼夜之道而知，故神无方而《易》无体。

译文 《易经》所阐释的道理与天地的运行变化规律相等。因此，能够概括并容涵天地运行变化的规律。

《易经》的作者，抬头来观察天文，低头来观察地理，所以知道地下幽隐、天上光明的缘故。考察万物的开始故知它的所生，返求万物所以终结，故知它所以死。灵气成为灵物，是神，游魂成为人的变化，是鬼，所以圣人知道鬼神的情状。

圣人与天地相似，所以不违反天地运行变化的规律。智慧遍及万物，而道能使天下得济，所以不会有差错。广泛地推行而不流荡，乐天知命，故不忧。安于所居之地，富于仁德，所以能够爱。

《易经》概括了天地之间的一切变化之道而无差错，曲折地成就万物而无遗漏，通晓昼夜阴阳转化之道而富有智慧，所以《易》玄妙的道既无一定的方所，又无一定的形体。

【五】

一阴一阳之谓道，继之者善也，成之者性也。

仁者见之谓之仁，知者见之谓之知，百姓日用而不知，故君子之道鲜矣。

显诸仁，藏诸用。鼓万物而不与圣人同忧，盛德大业至矣哉！富有之谓大业，日新之谓盛德。生生之谓《易》，成象之谓乾，效法之谓坤，极数知来之谓占，通变之谓事，阴阳不测之谓神。

译文 一阴一阳的对立转化称作道，继承它的是善，成就它的是本性。

仁人看见它叫做仁，智者看见它叫做智，百姓每天在用它而不认识，所以认识君子之道的人少了。

阴阳之道显现在它的生育万物的仁，隐藏在它的生育万物的作用。它转动万物却不和圣人同忧，它的盛德大业到了极点啊！生长万物的富有叫做大业，每天有新的变化叫做盛德。生生不息叫做《易》，形成天象的叫做乾，仿效地法的叫做坤，穷尽蓍数而预测未来的叫做占筮，通转变化而造就了万物的叫做事业，阴阳变化而不可预测的叫做神。

【六】

夫《易》广矣大矣，以言乎远，则不御；以言乎迩，则静而正；以言乎天地之间，则备矣。

夫乾，其静也专，其动也直，是以大生焉。夫坤，其静也翕，其动也辟，是以广生焉。

广大配天地，变通配四时，阴阳之义配日月，易简之善配至德。

译文 《易经》包括的范围是广大的，往远处说，就天而言，是没有止境的，往近处说，就地而言，是静止而方正的，说到天地之间的事物是完备了。

"乾"是天，它静止的时候是专门静止的，它活动时是直遂不挠的，因此产生了大。"坤"是地，它静止时是收敛的，它活动时是开辟展布的，因此产生了广。

乾坤所指范围广大跟天地相配，乾坤所讲的变通跟四季相配，乾坤所讲的阴阳意义跟日月相配，乾坤所讲的平易简单的好处跟至德相配。

【七】

子曰："《易》其至矣乎！夫《易》，圣人所以崇德而广业也。知崇礼卑，崇效天，卑法地。天地设位，而《易》行乎其中矣。成性存存，道义之门。"

译文 孔子说："《易经》它是至善至美了啊！《易经》是圣人用来推崇道德扩大事业的。它的智慧崇高，它的礼仪谦卑，崇高效法天，谦卑效法地。天地确立了上下的位置，《易》道就运行在它的中间了。保存万物的存在，成为道义的门，也就是道义就从它这里出来。

【八】

圣人有以见天下之赜，而拟诸其形容，象其物宜，是故谓之象。圣人有以见天下之动，而观其会通，以行其典礼，系辞焉，以断其吉凶，是故谓之爻。言天下之至赜而不可恶也。言天下之至动而不可乱也。拟之而后言，议之而后动，拟议以成其变化。

"鸣鹤在阴，其子和之，我有好爵，吾与尔靡之。"子曰："君子居其室，出其言，善则千里之外应之，况其迩者乎？居其室，出其言，不善则千里之外违之，况其迩者乎？言出乎身，加乎民，行发乎迩，见乎远。言行君子之枢机，枢机之发，荣辱之主也。言行，君子之所以动天地也，可不慎乎。"

"同人，先号咷而后笑。"子曰："君子之道，或出或处，或默或语，二人同心，其利断金。同心之言，其臭如兰。"

"初六，藉用白茅，无咎。"子曰："苟错诸地而可矣。藉之用茅，何咎之有？慎之至也。夫茅之为物薄，而用可重也。慎斯术也以往，其无所失矣。"

"劳谦，君子有终，吉。"子曰："劳而不伐，有功而不德，厚之至也，语以其功下人者也。德言盛，礼言恭，谦也者，致恭以存其位者也。"

"亢龙有悔。"子曰："贵而无位，高而无民，贤人在下位而无辅，是以动而有悔也。"

"不出户庭，无咎。"子曰："乱之所生也，则言语以为阶。君不密，则失臣，臣不密，则失身；几事不密，则害成。是以君子慎密而不出也。"

子曰："作《易》者，其知盗乎？《易》曰：'负且乘，致寇至。'负也者，小人之事也。乘也者，君子之器也。小人而乘君子之器，盗思夺之矣。上慢下暴，盗思伐之矣！慢藏诲盗，冶容诲淫。《易》曰：'负其乘，致寇至。'盗之招也。"

译文 圣人发现天下事物幽隐难辨，就模拟它们的形态设卦分类，并分别用适当的形象表达出来，所以叫做"象"。圣人发现天下事物变动不居，就观察它们的会合贯通之处，从中提炼出不变的礼仪规范，并系上卦爻辞来推断事物的吉凶，所以叫做爻。有了"象"，说到天下事物幽隐难辨，人们就再也不感到厌恶了；有了"爻"，说到天下事物变动不居，人们就再也不感到错乱了。用《易》的人，应该用卦爻比拟万物而后才言说，对爻辞加以讨论，而后才行，通过比拟和讨论来确定事物将如何变化。

《中孚》卦九二爻辞说："鹤在荫处鸣叫，小鹤也会应和，我有美酒，愿意与你同杯共享。"对此，孔子解释说："君子住在室内，说出的话是善的，远在千里之外的人也会应和他，何况跟他靠近的人呢？住在室内，说出的话是不善的，千里之外的人就会反对他，何况靠近他的人呢？话从他说出，影响到百姓，行动从近处发出，影响到远处。言论行动，是作为君子的关键。关键一发动，成为荣辱的主宰。言论和行动，是君子用来影响天地自然的手段，可以不谨慎吗？"

《同人》卦九五爻辞说："与人和同亲近，先哭泣，后欢笑。"对此，孔子解释说："君子处世的准则是，无论出外做官还是居家隐退，无论沉默不语还是发表言论，都要力求意气投合。两人同心，像刀那样锋利，可以切断金属。同心的言语，像兰花那样幽香。"

《大过》卦初六爻辞说："用洁白的茅草做衬垫，没有灾祸。"对此，孔子解释说："祭品姑且放在地上就可以了，用茅草来衬垫，有什么不好？是慎重之极，茅草这东西是微薄的，用起来可以慎重。用这种慎重的方法来办事，就没什么过失了。"

《谦》卦九三爻辞说："有功劳而谦让，君子有好结果，吉祥。"对此，孔子解释说："有劳苦也不自夸，有功劳而不自得，真是敦厚到极点了。这里所说的是那些有功而能谦居人下的人。就道德而言，谦是道德隆盛的表现；就礼的角度而言，它是礼让恭谨的实践。谦虚的宗旨，是通过致力恭谨来保存他的地位。"

《乾》卦上九爻辞说："处在极高处的龙，有悔恨。"对此，孔子解释说："尊贵而没有地位，极高而没有人民，贤人处在下位而他孤立在上没有辅佐，因此每一举动便有悔恨。"

《节》卦初九爻辞说："不走出内院，没有灾祸。"对此，孔子解释说："动乱之所以产生，往往是由于出言不慎。君王说话不慎守机密，就会失去臣子；臣子说话不慎守机密，就会招致杀身之祸；办理重要政务不慎守机密，就会危及事情的成功，所以君子应该慎守机密，而不应该把机密泄露出去。"

孔子说："创作《易经》的人，他了解寇盗的情况吧？《易经·解·六三》爻辞说：'身背重物而乘车出行，会招致寇盗前来打劫。'身背重物，是身份卑贱的小民的事情，而出行乘车，则是君子应所乘坐的交通工具。身为小民却乘坐君子的车具，寇盗自然就会思谋抢劫他啊！君上傲慢怠惰，臣下骄横强暴，寇盗自然就会思谋侵伐他们的国家啊！不去严密地收藏财物，就等于引诱人行窃，妖冶地打扮容姿就等于引诱好色的人来淫乱。《易经》说：'身背重物而乘车出行，会招致寇盗前来打劫。'这句话说的就是寇盗都是人们自己招引来的。"

【九】

大衍之数五十，其用四十有九。分而为二以象两。挂一以象三，揲之以四以象四时，归奇于扐以象闰。五岁再闰，故再扐而后挂。

天一地二，天三地四，天五地六，天七地八，天九地十。天数五，地数五，五位相得而各有合。天数二十有五，地数三十，凡天地之数，五十有五，此所以成变化而行鬼神也。

《乾》之策，二百一十有六，《坤》之策，百四十有四，凡三百有六十，当期之日，二篇之策，万有一千五百二十，当万物之数也。

是故，四营而成《易》，十有八变而成卦，八卦而小成。引而伸之，触类而长之，天下之能事毕矣。

　　显道神德行，是故可与酬酢，可与祐神矣。子曰："知变化之道者，其知神之所为乎！"

译文 　　用蓍草来演算的数目是五十根，其中用的是四十九根。把四十九根任意分成左右两份，以象征天地两仪，从中取出一根夹在左手小指间，以象征天地人三才，四根一组四根一组地来分，以象征四季，把余下的草（等于四或小于四根）夹在手指中间以象征闰月。阴历五年两闰，故把下面的草四根一组来分，把余下的草夹在右手指中间，然后再另行揲蓍，如此反复进行。

　　天为一，地为二，天为三，地为四，天为五，地为六，天为七，地为八，天为九，地为十。天的数字象征为一三五七九等五个奇数，地的数字象征为二四六八十等五个偶数。五个奇数和五个偶数分别累计相加，各得一个和数，五个天数之和为二十五，五个地数之和为三十，天数地数相加之和为五十五。五十五这个数，就是《易经》用来广泛推演天地万物的运动变化规律，并且贯通鬼神的。

　　《乾》卦在蓍数中体现为二百一十六策，而《坤》卦在蓍数中则体现为一百四十四策，《乾》《坤》两卦共计三百六十策，恰好相当于一年的三百六十天，《易经》上经下经六十四卦的蓍数则为一万一千五百二十策，正相当于万物之数。

　　经过上述四个步骤就筮得一个《易》卦卦形，其中每十八变形成一个重卦，而每九变出的一个经卦则为《易》道的小成之象。如此引申推演，构成六十四卦。遇到相应的事类则发挥三百八十四爻的象征意义；而有了六十四卦，三百八十四爻，天下所能取法的事理就完全包括无遗了。

　　《易经》能够彰显幽隐的阴阳之道，并能够神奇地助成众人的美德善行，运用《易》道，既可以应酬万物，又可以助成阴阳互转以实现其神妙之功。所以孔子说："通晓变化之道的人，大概也通晓阴阳互转的神妙功用吧！"

【十】

《易》有圣人之道四焉：以言者尚其辞，以动者尚其变，以制器者尚其象，以卜筮者尚其占。是以君子将有为也，将有行也，问焉而以言，其受命也如响，无有远近幽深，遂知来物。非天下之至精，其孰能与于此！

参伍以变，错综其数，通其变，遂成天地之文；极其数，遂定天下之象。非天下之至变，其孰能与于此！《易》无思也，无为也，寂然不动，感而遂通天下之故。非天下之至神，其孰能与于此。

夫《易》，圣人之所以极深而研几也。惟深也，故能通天下之志；惟几也，故能成天下之务。惟神也，故不疾而速，不行而至。子曰："《易》有圣人之道四焉"者，此之谓也。

译文 《易经》中有圣人之道四个：用它来论事说理的，崇尚它的卦爻辞；用它来指导行动的，崇尚它的变化的；用它来制造器物，崇尚它的卦象爻象；用它来占卜吉凶的，崇尚它的占问。因此，君子将有作为，将有行动，就用求卜问占之辞向它询问，它接受了人家的询问，便如响应声一样，做出回应。所问无论未来之事还是眼前之事，也无论幽隐不明之理还是深奥难解之理，都能从它那里得知未来究竟是吉还是凶。《易经》如果不是天下至精至密的书，它怎么能够达到这一步呢？

六爻中有三数或五数的变化，有交错综合的爻位次数，通晓它的变化，从而形成反映天下事物的文辞，极尽卦爻的位数，从而确定象征天下事物的卦象。《易经》如果不是天下最善变的书，它怎么能够达到这一步呢？《易经》本来是没有思考的，没有作为的，寂然不动，但用真诚感动它，就能通晓天下

的事。《易经》如果不是天下最为神妙的书，它怎么能够达到这一步呢？

《易经》是圣人用来穷究深奥的事理和精研隐微的征兆的书。只因它穷究深奥的事理，所以它才能会通天下的心志；只因为精研隐微的征兆，所以它才能成就天下的事务；只因它神妙莫测，所以才能不须躁进而事事速成，不须行动而万理毕至。孔子说"《易经》有圣人的道四个方面"，就是这个意思。

【十一】

子曰："夫《易》何为者也? 夫《易》开物成务,冒天下之道,如斯而已者也"。是故,圣人以通天下之志,以安天下之业,以断天下之疑。

是故,蓍之德,圆而神;卦之德,方以知;六爻之义,易以贡。圣人以此洗心,退藏于密,吉凶与民同患。神以知来,知以藏往,其孰能与于此哉! 古之聪明睿知神武而不杀者夫!

是以,明于天之道,而察于民之故,是兴神物以前民用。圣人以此斋戒,以神明其德夫!

是故,阖户谓之坤,辟户谓之乾,一阖一辟谓之变,往来不穷谓之通,见乃谓之象,形乃谓之器,制而用之谓之法,利用出入,民咸用之谓之神。

是故,《易》有太极,是生两仪,两仪生四象,四象生八卦,八卦定吉凶,吉凶生大业。

是故,法象莫大乎天地,变通莫大乎四时,县象著明莫大乎日月,崇高莫大乎富贵;备物致用,立功成器,以为天下利,莫大乎圣人;探赜索隐,钩深致远,以定天下之吉凶,成天下之亹亹者,莫大乎蓍龟。

是故,天生神物,圣人则之;天地变化,圣人效之。天垂象,见吉凶,圣人象之。河出图,洛出书,圣人则之。《易》有四象,所以示也。系辞焉,所以告也。定之以吉凶,所以断也。

译文 孔子说："《易》是做什么的呢? 《易》是开创事物、成就事务、概括天下事物法则的,其功用不过如此而已。"因此,圣人用它来会通天下的心志,确定天下的事业,决断天下的疑惑。

因此,蓍占的优点是圆满而神妙的;卦的优点是方正和明智,六爻的意义是运用阴阳变化来预告吉凶。圣人用它来启发自己的心灵,占筮之后又退下来把占筮记录珍藏在隐秘之处,吉和凶与民同乐同忧。用蓍的神妙来预知未来,用卦的智慧来记住过去,除非《易经》,谁能够做到这一点呢? 大概只有古代聪明智慧、富于远见、具有神武奇功而又不滥施刑杀的人,才能如此吧!

因此,洞明自然法则,体察民众事务,用蓍占神物作为民众行动的先导。圣人用它占筮时一定先修洁自戒,态度极为虔诚,以此来彰显它具有神妙明智的功德。

因此,用门户打个比方:门户关闭的状态叫做坤,门户敞开的状态叫做乾;而这一关一开叫做变化;开开关关、往来不停叫做会通,呈现的状态叫做象;具备的形体叫做器;制裁象和器物以供利用叫做效法;反复利用其法，并有所改进，民众都利用它，叫做神妙。

因此，《易》有太极，是宇宙的本体，太极生出两仪，是天地，天地生出四象，是四时，四象生出八卦，是宇宙间的八种基本物质，八卦又生出六十四卦，是宇宙的万物，用它来判断事物的吉凶。吉凶既明，民众都趋吉避凶，于是就造就出盛大的功业。

因此，取象效法者，没有比天地更大的；变化会通者，没有比四时更大的，高悬空中而形象极为光辉者，没有比日月更大的；地位崇高者，没有比富贵而尊居君位更大的；具备物品以供采用，创立功业并制成器物，用来为天下民众提供便利者，没有比圣人更大的；探研求索幽隐难见之事，钩取搜罗深处远方之物，以判断天下事物未来的吉凶，从而助成天下民众勤勉有为者，没有比蓍占龟卜的功效更大的。

因此，天生蓍龟神物，圣人仿效它。天地变化，圣人效法它。天垂示各种象，现出或吉或凶，圣人用卦象来仿效它。黄河里出现图，洛水里出现书，圣人仿效它，《易》有少阳、老阳、少阴、老阴四种爻象，用来显示事物的刚柔变化。在卦爻之下系以文辞，是用来告诉人们吉凶的；文辞中定下或吉或凶的兆辞，是用来判断人们行动的得失的。

【十二】

《易》曰："自天祐之，吉无不利。"子曰："祐者，助也。天之所助者，顺也；人之所助者，信也。履信，思乎顺，又以尚贤也。是以自天祐之，吉无不利也。"

子曰："书不尽言，言不尽意。"然则圣人之意，其不可见乎？子曰："圣人立象以尽意，设卦以尽情伪，系辞焉以尽其言，变而通之以尽利，鼓之舞之以尽神。"

乾坤，其《易》之缊邪？乾坤成列，而《易》立乎其中矣。乾坤毁，则无以见《易》，《易》不可见，则乾坤或几乎息矣。

是故，形而上者谓之道，形而下者谓之器。化而裁之谓之变，推而行之谓之通，举而错之天下之民谓之事业。是故夫象，圣人有以见天下之赜，而拟诸其形容，象其物宜，是故谓之象。圣人有以见天下之动，而观其会通，以行其典礼，系辞焉，以断其吉凶，是故谓之爻。极天下之赜者，存乎卦；鼓天下之动者，存乎辞；化而裁之，存乎变；推而行之，存乎通；神而明之，存乎其人；默而成之，不言而信，存乎德行。

译文 　《易·大有》上九爻辞说："从天保佑他，吉，没有不利。"孔子说："祐是帮助的意思，天所帮助的，是心志顺通者；人所帮助的，是行为诚信者，履行诚信，思虑顺通，再加上尊崇贤人，所以才会有从天上降下的祐助来保佑他，吉祥，没有不利。"

　　孔子说："书面文字不能全面而准确地记录下人的言语的意思，人的言语也不能全面而准确地表达出人的思想内涵。"既然如此，那么圣人的思想难道就无法全面而准确地表达出来了吗？孔子就此解释说："圣人立象用来全面而准确地表达自己的思想，设制六十四卦用来全面而准确地反映事物的真情和假意，在卦爻之下系以文辞用来全面而准确地记录他的言语，加以变化会通以得到全部好处，欢快地摆弄著策以发挥《易》道的全部神奇的功用。

　　《乾》卦和《坤》卦，大概是《易经》的精蕴之所在吧？《乾》《坤》卦在卦序中的位次确定之后，《易》的阴阳互转之道便在其中确定了。如果《乾》《坤》卦的阴阳变化一旦停止，《易》之阴阳互转之道就无从显现了。反之，《易》之阴阳互转之道看不见，说明《乾》《坤》卦的阴阳变化也就差不多快要止息了。

　　因此，居于形体之上的思想观念叫做道，居于形体之下的物质形态叫做器，二者相互作用，交感化育并彼此裁制叫做变化；顺沿变化加以推广，使之旁行于外叫做会通；把它们取来用在人民身上叫做事业。

　　因此，所谓象，是圣人发现了幽隐难见的道理，模拟其形态，采用合宜的象来表达出来，所以叫做象。圣人发现了天下事物的变动，就观察其会合交通之处，从变动中找出不变的常理规范，并系以文辞来论断事物变化的结局是吉或是凶，因此叫做爻。极尽天下事物幽隐难见道理的，在于卦象；鼓起天下事物振作奋动的，在于卦辞和爻辞；促使事物相互作用，而交感化育并彼此裁制的，在于变动；顺沿变化加以推广，使之旁行于外的，在于会通；使《易》之阴阳互转之道神妙而显明的，在于用《易》占筮的人；学习《易》道而默然潜行并有所成就，不言不语而使民众信从的，在于德行。

评点 ◈ 《系辞上传》，思想内容非常丰富，对《周易》古经进行了多方面的探讨，提出了许多宝贵的见解。是我们研究《周易》古经很难得的资料。第一章指出《易经》是根据"造化之实"来创作的。说明天地及万物之矛盾对立与运动变化用八卦可以象之，天道是平常的，地道是简单的，贤人之德就在于适应天道的规律；贤人之业就在于利用地道的功能。第二章论述《易经》卦爻及其变化是取象宇宙事物运动变化的，卦爻辞是指示人事之得失进退的，所以君子学《易》，目的是把《易经》作为行动的指针。第三章进一步论述《易经》对人事的指导意义，第四章则强调《易经》包括天地万物之理，进一步指出善于学习《易经》的人能深通天地万物之理，可以济天下，可以乐天知命而不忧等等。五至八章反复论述了阴阳之理，以及《易经》的功用等等。

第九章论述了《易经》的筮法，是我们研究古经筮法的最宝贵的参考资料，虽然有些简略，但还是能明了揲著求卦的方法的。第十章进一步强调《易经》的作用，认为《易经》有三至，即"至精""至变""至神"，圣人对于《易》有四尚，即"尚其辞""尚其变""尚其象""尚其占"。十一章进一步说圣人用《易经》以启其智，明其德，决其疑，成其业，制其法，利其民等等，十二章深入探讨了卜筮是圣人受河图启示，借著草之神灵制定筮法，创作《易经》以仿效宇宙形成的过程，象征天地日月四时等变化，探求复杂隐晦深奥遥远的事物，定其吉凶，以指导人们的行动。因为《易经》

能充分反映人的思想、言论与活动，能反映天地万物的变化，而人类事业在于利用道与器而加以变通，《易经》的卦爻象及卦爻辞是以指导人们去完成大业。

《系辞上传》提出了很多著名的命题，如："一阴一阳之谓道"，"日新之谓盛德"，"形而上者之谓道，形而下者之谓器"，"书不尽言"，"言不尽意"，"圣人立象以尽意"等等，在今天仍能发人深省，极具价值。

系辞下传

【一】

八卦成列，象在其中矣。因而重之，爻在其中矣。刚柔相推，变在其中矣。系辞焉而命之，动在其中矣。

吉凶悔吝者，生乎动者也。刚柔者，立本者也。变通者，趣时者也。

吉凶者，贞胜者也。天地之道，贞观者也。日月之道，贞明者也。天下之动，贞夫一者也。

夫乾，确然示人易矣。夫坤，隤然示人简矣。爻也者，效此者也。象也者，像此者也。

爻象动乎内，吉凶见乎外，功业见乎变，圣人之情见乎辞。

天地之大德曰生，圣人之大宝曰位。何以守位曰仁，何以聚人曰财。理财正辞，禁民为非曰义。

译文 八卦排成一个序列之后，天、地、雷、风、水、火、山、泽八种物象就蕴含在其中了；根据八卦重叠而构成六十四卦，三百八十四爻就包括在其中了；阳爻的刚性和阴爻的柔性相互推动，阴阳变化的规律就体现在其中了；在卦爻之下系以文辞而向人们昭告吉凶，人们适时而动的准则就呈示在其中了。

吉利、凶险、困厄、艰难，是从六爻的变动中产生出来的。阳刚之爻和阴柔之爻的相互对立和相互依存，是一卦得以确立的根本因素。变化会通，是天地万物随着四季的变化而变化，人们的行动随着时机的转移而转移。

吉祥或凶险的发展趋势，表明居处正位就能获胜；天地的阴阳之道，是以正示人的；日月之道，是以正的光明照耀的；天下人的行动，端正在一个道上。

《乾》卦的特性是正确刚健，昭示于人的是平易的品格；《坤》卦的特性是宽厚柔顺，昭示于人的是简约的品格；所谓爻，就是对乾坤之道的模拟；所谓象，就是对天地形象的摩仿。

爻和象的变化发生在卦体之内，吉和凶的趋势则显现在卦体之外；功业的成败体现在吉凶的变动之上，圣人的情怀体现在卦辞爻辞的论断之中。

天地的大德叫生长万物，圣人的大宝叫王位。凭什么来保住王位呢？施行仁政以爱人；用什么来团结众人呢？创造财物以富民。以正道经营财物，端正言辞，禁止民众胡作非为，叫做义。

【二】

古者包牺氏之王天下也，仰则观象于天，俯则观法于地，观鸟兽之文，与地之宜，近取诸身，远取诸物，于是始作八卦，以通神明之德，以类万物之情。

作结绳而为网罟，以佃以渔，盖取诸《离》。

包牺氏没，神农氏作，斫木为耜，揉木为耒，耒耨之利，以教天下，盖取诸《益》。

日中为市，致天下之民，聚天下之货，交易而退，各得其所，盖取诸《噬嗑》。

神农氏没，黄帝、尧、舜氏作，通其变，使民不倦，神而化之，使民宜之。《易》穷则变，变则通，通则久。是以自天祐之，吉无不利，黄帝、尧、舜垂衣裳而天下治，盖取诸《乾》、《坤》。

刳木为舟，剡木为楫，舟楫之利，以济不通，致远以利天下，盖取诸《涣》。

服牛乘马，引重致远，以利天下，盖取诸《随》。

重门击柝，以待暴客，盖取诸《豫》。

断木为杵，掘地为臼，臼杵之利，万民以济，盖取诸《小过》。

弦木为弧，剡木为矢，弧矢之利，以威天下，盖取诸《睽》。

上古穴居而野处，后世圣人易之以宫室，上栋下宇，以待风雨，盖取诸《大壮》。

古之葬者，厚衣之以薪，葬之中野，不封不树，丧期无数。后世圣人易之以棺椁，盖取诸《大过》。

上古结绳而治，后世圣人易之以书契，百官以治，万民以察，盖取诸《夬》。

译文 🌀 上古伏羲氏统治天下的时候，他仰面观察天空的星象，俯身观察地面的状貌，并观察鸟踪兽迹及地上的各种植物，近的取自身体，远的取自各物，因此首创八卦，通过八卦的天、地、雷、风、水、火、山、泽八种物象，通晓万物神妙而显明的德性，分类概括万物多姿多彩的情状。

伏羲氏采取结绳的方法制作出罗网，用来猎捕鸟兽，捕捞鱼虾，这大概是从《离》卦的卦象中得到了启示。

伏羲氏死后，神农氏兴起，他砍削树木制成了犁头，揉弯木棍制成了犁柄，用这种农具翻土耘田而取得五谷之利，并教给天下民众，这大概是从《益》卦的卦象中得到了启示。

神农氏规定日当中午举办集市，招徕天下民众，聚集天下货物，彼此交换之后而各自归去，人人都得到他所需要的物品，这大概是从《噬嗑》卦的卦象中得到了启示。

神农氏死后，黄帝、唐尧、虞舜相继兴起，他们通晓事物变化的规律，学习前代的器物、制度并加以改造，促使民众加以利用而进取不懈；在实际利用中又进一步加以改制，使之更为神妙，让民众利用起来更加便利。《易》道行不通时就变，变了就行得通，行得通就可以长久。因此从天保佑他，吉祥，而无不利。黄帝、尧、舜还创出了衣和裳，并将这种服制垂示天下，使天下获得大治，这大概是从《乾》卦和《坤》卦中得到了启示。

挖空木心制成舟船，砍削木棍制成船桨，舟船和船桨的用处，是用来渡过难以通行的江河，到达远方从而使天下民众都得到便利，这大概是从《涣》卦中得到了启示。

驾牛骑马，拖运重物到达远方，给天下人提供便利，这大概是从《随》卦中得到了启示。

设置多重门户并深夜打梆示警，以防备盗贼行窃，这大概是从《豫》卦中得到了启示。

砍断木棒制成捣杵，挖掘地面做成舂臼，捣杵和舂臼的用处，是用来舂米为食，使万民都有饭吃，这大概是从《小过》卦中得到了启示。

揉弯木条并系上皮弦而制成弓，削尖树枝制成箭，弓和箭的用处，是用来威服天下，这大概是从《睽》卦中得到了启示。

上古时代，人们或居住在洞里，或散处于旷野中，后世圣人建造出房屋，上有栋梁，下有墙壁，用来防风避雨，这大概是从《大壮》卦中得到了启示。

上古时代，埋葬死人只用厚厚的柴草盖住尸体，掩埋在旷野里，既不堆坟也不种树作为标记，而且没有一定的居丧期限，后世圣人创制出内棺和外椁，从而改变了过去的丧葬习俗，这大概是从《大过》卦中得到了启示。

上古时代，人们用结绳记事来治理政务，后世圣人发明了文字来代替它，百官都用它来治理政务，万民用它来明察事理，这大概是从《夬》卦中得到了启示。

【三】

是故，《易》者，象也。象也者，像也。彖者，材也。爻也者，效天下之动者也。是故，吉凶生而悔吝著也。

译文 ☯ 因此，《易》的表达方式是象；象是用来模拟事物的形象来比附某种意义。彖是裁断的意思，爻是仿效天下事物的变动。所以吉凶产生，人事的悔吝显现出来。

【四】

阳卦多阴，阴卦多阳，其故何也？阳卦奇，阴卦偶。其德行何也？阳一君而二民，君子之道也。阴二君而一民，小人之道也。

译文 ☯ 阳卦阴爻却占多数，阴卦阳爻却占多数，这是什么缘故呢？这是因为阳卦以一奇为主，阴卦以一偶为主。那么所谓阳卦阴卦的实质是什么呢？阳卦意味着一个君主统治两个小民，象征君主事，民奉君，是君子之道；阴卦意味着两个君主争夺一个小民，象征二君相互争斗，一民兼事二君，是小人之道。

【五】

《易》曰："幢幢往来，朋从尔思。"

子曰："天下何思何虑？天下同归而殊涂，一致而百虑，天下何思何虑？日往则月来，月往则日来，日月相推而明生焉。寒往则暑来，暑往则寒来，寒暑相推而岁成焉。往者屈也，来者信也，屈信相感而利生焉。尺蠖之屈，以求信也。龙蛇之蛰，以存身也。精义入神，以致用也。利用安身，以崇德也。过此以往，未之或知也。穷神知化，德之盛也。"

《易》曰："困于石，据于蒺藜，入于其宫，不见其妻，凶。"

子曰："非所困而困焉，名必辱。非所据而据焉，身必危。既辱且危，死期将至，妻其可得见邪？"

《易》曰："公用射隼于高墉之上，获之，无不利。"

子曰："隼者，禽也。弓矢者，器也。射之者，人也。君子藏器于身，待时而动，何不利之有？动而不括，是以出而有获，语成器而动者也。"

子曰："小人不耻不仁，不畏不义，不见利不劝，不威不惩。小惩而大诫，此小人之福也。《易》曰：'屦校灭趾，无咎'，此之谓也。"

"善不积不足以成名；恶不积不足以灭身。小人以小善为无益而弗为也，以小恶为无伤而弗去也，故恶积而不可掩，罪大而不可解。《易》曰：'何校灭耳，凶'。"

子曰："危者，安其位者也；亡者，保其存者也；乱者，有其治者也。是故，君子安而不忘危，存而不忘亡，治而不忘乱，是以身安而国家可保也。《易》曰：'其亡其亡，系于苞桑。'"

子曰："德薄而位尊，知小而谋大，力小而任重，鲜不及矣。《易》曰：'鼎折足，覆公餗，其形渥，凶。'言不胜其任也。"

子曰："知几其神乎？君子上交不谄，下交不渎。其知几乎？几者，动之微，吉凶之先见者也。君子见几而作，不俟终日。《易》曰：'介于石，不终日，贞吉。'介如石焉，宁用终日，断可识矣。君子知微知彰，知柔知刚，万夫之望。"

子曰："颜氏之子，其殆庶几乎？有不善未尝不知；知之未尝复行也。《易》曰：'不远复，无祗悔，元吉。'"

"天地絪缊，万物化醇，男女构精，万物化生。《易》曰：'三人行，则损一人；一人行，则得其友。'言致一也。"

子曰："君子安其身而后动，易其心而后语，定其交而后求。君子修此三者，故全也。危以动，则民不与也；惧以语，则民不应也。无交而求，则民不与也。莫之与，则伤之者至矣。《易》曰：'莫益之，或击之，立心勿恒，凶。'"

译文 《易经·咸》九四爻辞说："热闹地往来，朋友最终会依从你的想法。"

孔子说："天下人想什么，考虑什么？天下人走不同的路，到达同一个地方；经过多种考虑，达到同一个目的。天下人想什么，考虑什么？太阳落去月亮就升起，月亮落去太阳就升起，太阳月亮互相推移产生光明。寒天过去了暑天到来，暑天过去了寒天到来，寒天和暑天相互推移而确定一年。过去的是屈退，到来的是伸进。屈退和伸进互相感应交替产生利益。尺蠖的屈退，是求得伸进。龙蛇的蛰伏，是用来保护身体。精通事物的义理，进入神妙的境地，是为了实践运用，利用所学，来求自身安好，用来提高才德。超出以往所讲的，或许就不知道应该如何行动了；彻底研究事物的神妙，通晓事物的变化，这是盛德。"

《易·困》六三爻辞说："绊倒在石头上，手抓在蒺藜上，回到家里，不见他的妻子，凶。"

　　孔子说:"不该绊倒而绊倒,名必受辱,在不该居处的地方而居处,身必危险,既受辱并且危险,死期将到,妻怎么可能见到呢?"

　　《易·解》上六爻辞说:"王公在高墙上用箭射鹰,得到它,没有不利。"

　　孔子说:"隼是飞禽,弓箭是利器,射鹰的是人。君子把利器藏在身上,等待时机才发动,有什么不利?采取行动而灵活自如,因此行动就有收获,这说明,无论干什么,都要预先置备好工具,然后再采取行动。"

　　孔子说:"小人不知羞耻,不讲仁义,不畏真理,不行道义,不看到实际利益就不勤勉做事,不看到刑威就不戒惕过失,对于小人来说,给点轻微的惩罚就是告诫他不要犯重大过失,这等于是赐福给他。因此,《易·噬嗑》初九爻辞说:'脚上戴上木枷,枷伤了脚趾,没有灾祸。'"

　　孔子说:"不积累善行,就不足以成就美名;不积累恶行,也不足以断送其身。小人认为行小善得不到什么好处因而不屑于做,认为行小恶无伤大体而不愿意戒除,因此,恶行越积越多而无法掩盖,罪过越积越多而难以解救。因此,《易·噬嗑》上九爻辞说:'肩上戴上木枷伤了耳朵,必有凶险。'"

　　孔子说:"凡是出现倾危之象的,都曾经无所事事安居其位;凡是招致灭亡的,都曾经自以为能永保长存;凡是产生祸乱的,都曾经自觉万事太平。因此,君子居安而不忘危,生存而不忘灭亡,太平而不忘祸乱,这样,自身才能够常安而国家才可以永存。因此,《易·否》九五爻辞说:'将要灭亡啊,将要灭亡!但是如果把自己拴在根扎得很深的桑树上则会安然无恙。'"

　　孔子说:"才德粗疏而居高位,见识浅短而谋大事,能力微弱而当大任,这样,很少有不招致祸乱的。因此,《易·鼎》九四爻辞说:'鼎折断了脚,翻倒公的粥,鼎身湿淋淋,沾满污物,必有凶险。'说的正是力不胜任的情状。"

　　孔子说:"察觉事物出现的某种苗头,就能预知神妙的变化啊!君子与尊上者交往不阿谀奉承,与卑下者交往不高傲轻慢,就可以预知事物出现的苗头了吧?所谓苗头,乃是事物变化的微小征候,吉凶祸福隐约显现出来的先兆。君子发现事物出现的苗头就立即行动,决不等待明天。因此,《易·豫》六二爻辞说:'德性坚贞如磐石,不等一天终了就悟出过分欢乐之患,坚守正道,吉祥。'既然具有坚贞超过磐石的德性,何须等到一天终了才悟出事理呢?当时就能立即悟出。君子察觉隐微的苗头就能预测明显的结局,知道阴柔的功能也知道阳刚的效用,这才是万人所仰望的杰出人物啊。"

　　孔子说,"颜家的儿子颜回,德行大概接近完善了吧?一有不善的苗头,他没有不察觉的,一旦察觉,就不再重犯。这就是《易·复》初九爻辞所说的:'行而不

远就适时复返，没有造成大的悔恨，大吉大利。'"

天地阴阳二气缠绵交融，万物普遍化育；男女的构精，万类化育出生。因此，《易·损》六三爻辞说："三人同行，由于难于同心协力，必将有一人离去；一人出行，由于宜于专一求合，则可以得到友朋。"这里说的就是阴阳相求必须专注致一。

孔子说："君子首先安定自身然后才采取行动，首先平和内心然后才发表言论，首先确定交往对象然后才向人求助。君子由于讲求这三种美德，所以于己于人都能有所补益。自身危乱而匆忙采取行动，百姓就不会追随他；内心疑惧而发表言论，百姓就不会响应他；没有交往对象而向人求助，百姓就不会帮助他。而没有人帮助他，伤害他的人就来了。因此，《易·益》上九爻辞说：'没有人帮助他，就会有人攻击他，再加上自己立身不恒，必有凶险。'"

【六】

子曰："乾坤，其《易》之门邪？"乾，阳物也；坤，阴物也。阴阳合德，而刚柔有体，以体天地之撰，以通神明之德。其称名也，杂而不越。于稽其类，其衰世之意邪？

夫《易》，彰往而察来，而微显阐幽，开而当名辨物，正言断辞，则备矣。其称名也小，其取类也大，其旨远，其辞文，其言曲而中，其事肆而隐，因贰以济民行，以明失得之报。

译文 孔子说："《乾》卦和《坤》卦，应该是《易》之门户吧？"《乾》卦，代表阳性事物；《坤》卦，代表阴性事物，阴阳二者的本性相互配合，而阳刚阴柔各有本体。通过刚爻柔爻可以体现天地的创造万物，可以通晓神妙变化的性质。《乾》卦和《坤》卦爻辞称述的象征物名，尽管繁杂却未逾越天地的作为和神妙的变化的范围；可是考察《易》中其他各卦的卦辞爻辞，多有忧患危惧之言，它们所流露的，或许是作者身处衰危之世的忧惧之意吧？

《易》的功能，主要在于彰显往日的是非，明察未来的吉凶，并且显现细微之事，阐发幽隐之理。它开列各卦卦名，所命卦名无不恰当，从而能够辨别它所代表的各类事物；而且言语周正，准确有度；措辞果断，吉凶分明，天下万物万理都具备了。卦辞爻辞所陈述的物名虽小，但它们被选取过来，类比的却都是大事，而且它们的意义都十分深远，它们的修辞都富有文采，它们的言语曲折委婉而切中义理，它们的叙事无边无际而任何事件中都蕴涵着幽深的哲理。因此，借助《乾》《坤》两卦所蕴涵的哲理，可以用来济助民众的行动，并能够显示或得或失的报应。

【七】

《易》之兴也，其于中古乎？作《易》者，其有忧患乎？

是故，《履》，德之基也；《谦》，德之柄也；《复》，德之本也；《恒》，德之固也；《损》，德之修也；《益》，德之裕也；《困》，德之辨也；《井》，德之地也；《巽》，德之制也。

《履》，和而至；《谦》，尊而光；《复》，小而辨于物；《恒》，杂而不厌；《损》，先难而后易；《益》，长裕而不设；《困》，穷而通；《井》，居其所而迁；《巽》，称而隐；《履》，以和行；《谦》，以制礼；《复》，以自知；《恒》，以一德；《损》，以远害；《益》，以兴利；《困》，以寡怨；《井》，以辨义；《巽》，以行权。

译文 《易》书的兴起，大概在中古吧？创作《易》书的人，大概怀有忧患之心吧？

因此，《履》卦，是德行的基础；《谦》卦，是德行的依凭；《复》卦，是德行的根本；《恒》卦，是德行得以巩固的前提；《损》卦，是修养德行的途径；《益》卦，是提高德性的方法；《困》卦，是检验德行的尺度；《井》卦，是谨守德行的处所；《巽》卦，是批评德行的规范。

《履》卦，在于教人和顺有礼并施礼于人；《谦》卦，在于教人谦虚以博得众人尊崇并光大自身；《复》卦，在于教人要善于根据隐微的征兆去辨别事物的发展趋势是吉是凶；《恒》卦，在于教人在善恶混杂之中要恒久守法而永不倦怠；《损》卦，在于教人先行自损私欲之难而后成德美之易；《益》卦，在于教人增益善念美行以提高德行而不虚伪造作；《困》卦，在于教人学会经受困窘的考验而不改节操；《井》卦，在于教人安守节操并施德于人，《巽》卦，在于教人学会处理事务得心应手而不露行迹。《履》卦，可以用来教

人学会和顺行事；《谦》卦，可用来教人学会从礼而动；《复》卦，可用来教人学会自我省察得失；《恒》卦，可用来教人学会坚守节操始终如一；《损》卦，可用来教人学会自损私欲而远离祸害；《益》卦，可用来教人学会增益善念美行而产生利益；《困》卦，可用来教人学会守节而毫无怨尤；《井》卦，可用来教人学会滋养万物并明辨道义；《巽》卦，可用来教人学会顺依规律而灵活裁断。

【八】

《易》之为书也不可远，为道也屡迁。变动不居，周流六虚，上下无常，刚柔相易，不可为典要，唯变所适。

其出入以度外内，使之惧，又明于忧患与故，无有师保，如临父母。

初率其辞而揆其方，既有典常。苟非其人，道不虚行。

译文 《易》书作为一部蕴涵着人生哲学的著作，一时一刻也不能背离，它所体现的规律，在于屡经推移，而变动不止，这种变动遍及卦体周身，畅流于六爻之间，上下往来没有定则，刚柔变化相互更易，不可作为定规，唯有适应变而变。

《易》书之道，教人当出入行藏之际遵守出入的法度而无逾越，使人处内外隐现之时知晓内外之得失而有所戒惧。又可让人明于忧患产生的原因，使人即使没有师长的教诲，也如同有父母在身边而能受到保护。

这样，行事之初遵循《易》书卦爻辞的命意，考虑行动的方式，从而把握住行事的规律，假如不是明晓《易》道的人，《易》道是不会凭空贯彻的。

【九】

《易》之为书也，原始要终，以为质也。六爻相杂，唯其时物也。

其初难知，其上易知，本末也。初辞拟之，卒成之终。若夫杂物撰德，辨是与非，则非其中爻不备。

噫！亦要存亡吉凶，则居可知矣。知者观其彖辞，则思过半矣。

二与四，同功而异位，其善不同，二多誉，四多惧，近也。柔之为道，不利远者，其要无咎，其用柔中也。三与五，同功而异位，三多凶，五多功，贵贱之等也。其柔危，其刚胜耶？

译文 《易》作为书，对待一个事物，考察它的开头，探求它的终结，用作研求一事物的整体。六爻的互相交错，是象其一定时期内的事物。

初爻的意义难以理解，看了它的上爻才容易明白，因为初爻反映的是事物产生的本始因而难知全貌，上爻反映的是事物发展的末尾，因而容易知晓。初爻的辞语比拟事物的开始，最后，上爻的辞语确定事物的结局，至于错杂各种物象而撰述阴阳德性，从而判别是非吉凶，假若没有中间四爻，条件就不够完备。

是啊！只要明了中间四爻的意义，也就求得了事物存亡吉凶的规律，如此，即使平居无为，也能预知事物存亡吉凶的结局。其实，对于聪明的人来说，只要读读卦辞，一卦的意义也能理解一多半。

二爻和四爻，起到同样的作用而位次不同，它的吉也不同，二爻处下居中多获称誉，四爻处上居下多有危惧，因为它靠近"五"这个君王之位。阴柔之道，不利于处居远离君位者，而二爻居阴位，却反而多称誉，这是因为《易》书之道最讲不偏不倚以免遭祸害，而二爻的功用正好是阴柔和守中。三爻与五爻，都具有相同的阳刚功能，却各居下卦和上卦，所以位次不同，因而两者象征的利害得失之义也各不相同，三爻处下卦之极多见凶险，五爻居中多有功勋，这是因为它们所处的位次有贵有贱等级不同。总的说来，大概是阴柔居三、五阳位就有危难，阳刚处三、五阳位就能称位吧?

【十】

《易》之为书也，广大悉备，有天道焉，有人道焉，有地道焉。兼三才而两之，故六。六者，非它也，三才之道也。道有变动，故曰爻；爻有等，故曰物；物相杂，故曰文；文不当，故吉凶生焉。

译文　《易》作为书，内容广大，一切都具备，含有天的规律，含有地的规律，含有人的规律。兼合三画的八卦中的天地人三才的象征而两两相重，就产生了六画的六十四卦，六画，没有别的意思，是象征天地人三才及其关系的。《易》道重变动，模拟变动的情状的符号，叫做爻，爻有上下位次，以"—"和"——"两符号作为标志，叫做物象，阴阳物象交错相杂，变化有致，叫做文理，交错间杂的结果，有的适当，有的不当，所以吉利和凶险就产生了。

【十一】

《易》之兴也，其当殷之末世，周之盛德邪?当文王与纣之事邪?是故其辞危，危者使平，易者使倾。其道甚大，百物不废，惧以终始，其要无咎，此之谓《易》之道也。

译文　《易》书的兴起，大概是在殷商走向末世，周族德业日趋隆盛的时候吧? 大概是在文王臣事纣王期间吧? 因此，它的卦爻辞多含危惧警戒之义。畏惧戒惕可以获得安乐，而常怀安乐必将导致危亡。其中的道理内涵非常广泛，万事万物无所不有，无所不包，自始至终称说危惧戒惕，重点在于教人免遭灾祸，这就叫《易》之道。

【十二】

夫乾，天下之至健也，德行恒易以知险。夫坤，天下之至顺也，德行恒简以知阻。能说诸心，能研诸侯之虑，定天下之吉凶，成天下之亹亹者。

是故，变化云为，吉事有祥，象事知器，占事知来。天地设位，圣人成能，人谋鬼谋，百姓与能。

八卦以象告，爻彖以情言，刚柔杂居，而吉凶可见矣。变动以利言，吉凶以情迁。是故，爱恶相攻而吉凶生，远近相取而悔吝生，情伪相感而利害生。凡《易》之情，近而不相得则凶，或害之，悔且吝。

将叛者，其辞惭；中心疑者，其辞枝；吉人之辞寡；躁人之辞多；诬善之人其辞游；失其守者其辞屈。

译文 "乾"，是天下最为刚健的性质的象征，这种性质表现为德行，是永恒的变化而不静止，唯其如此，便能察知天下的凶险之事；"坤"，是天下最为柔顺的性质的象征，这种性质表现为德行，是永恒的静止而不运动，唯其如此，便能察知天下的险阻之事。能够在心里察阅天地之道，能够研究各种考虑，决定天下事的吉凶，成就天下人的奋勉。

因此，变化的称说与作为，照吉事去做有祥瑞，通过《易》卦的所象之物，知道创造器具，通过占问知道未来。天地设立上下的位子，圣人仿效它来成就他的才能。通过人的谋划以及占问的鬼神的谋划，百姓赞助贤能的人。

八卦用象来告诉人，卦爻辞依情况来说话，刚柔杂处，吉凶可见了。事情的变动从有利来说，事情的吉凶因情况而转化，因此，喜爱和憎恶的感情互相攻击，吉凶从此产生，人和人因亲近疏远的关系互相去取，悔吝从此产生。真情和假意互相感触，利害从此产生。一切《易》所表达的情况，人和人接近而不相得就凶，有的人害他，产生悔恨和艰难。

将要背叛的，他的话有内愧，中心怀疑的，他的话枝蔓，善良的人话少，急躁的人话多，诬蔑善人的人，他的话游移不定，失掉操守的人，他的话屈服。

评点 ◎ 《系辞下传》与《系辞上传》一样，思想内容丰富、庞杂，表达了作者的深刻见解。第一章首先论述了《易》之义蕴与功用，然后又论述了圣人应效法《易》理，从而如何守位治民；第二章详尽论述了伏羲氏作八卦的过程，指出八卦是伏羲氏仰观俯察而创作的，表明八卦是先民观察客观事物而创制的，是先民经验的总结，智慧的结晶。而后该章还详尽地论述了神农氏、黄帝、尧、舜等观象制器的事情，以后各章分别论述了卦爻象及卦爻辞，可以体现人事的吉凶以及所谓的天、地、人三才，并探讨了作者有忧患、《易》兴于中古等问题。第五章中所记载的孔子对古经十一条爻辞的解释，弥足珍贵，向今人展示了如何得意忘象的范例。从中我们可以体会到怎样去阅读古经，怎样破译《易经》中的玄妙思维方式。《易经》的思维方式是取象思维，即在思维过程中，选取一具体物象，让人们去想象，比附推论出一个抽象事理的思维方法。如《易经》想要说小人应懂得小惩大戒的道理，用了"屦校灭趾，无咎"的爻辞来表述，看字面是说拖着脚枷，伤到脚趾，无害处，实际上这条爻辞只是个"象"，让人们想象，得出小的过错应及时改正，否则酿成大错的结论。又如：想要表达"德薄而位尊，知小而谋大，力小而重任，鲜不及矣"的抽象道理，《易经》不直接说，而是如《易·鼎》九四爻辞说："鼎折足，覆公𫗧，其形渥，凶。"这里，"鼎足"之于"鼎"，犹如大臣之于君，"鼎折足"是说"大臣"不能胜任他所担当的工作，以导致"覆公𫗧"，结果是凶险的。如果不想到这点，我们就

卦爻辞的字面意思去直译，则会产生很多费解的问题：写"鼎折足"干什么？写"屦校灭趾"干什么？为什么说"鼎折足"结果是"凶"的？"屦校灭趾"结果却是"无咎"？它们之间有什么联系？等等，这些疑问要想得到解答，一定要从取象思维这个角度去分析。"象"是很重要的概念，"圣人立象以尽意"，"得意忘象"，是读懂《易经》的关键。

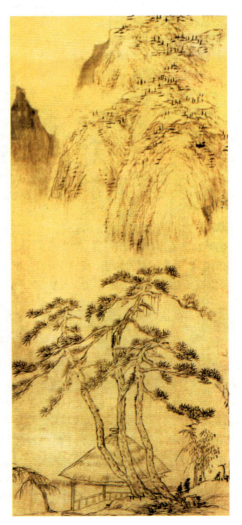

说卦传

【一】

昔者，圣人之作《易》也，幽赞于神明而生蓍，参天两地而倚数，观变于阴阳而立卦，发挥于刚柔而生爻，和顺于道德而理于义，穷理尽性以至于命。

译文 ☯ 从前，圣人创作《易》书的时候，凭借着精深的思虑并求助于神明的造化，从而创造出了用蓍草占筮的方法。其法是把天数一三五七九和地数二四六八十两相参杂，确立五十五这个大衍之数，来揲蓍求卦。并且观察天地阴阳的变化情状而运演推算，构成卦形，发挥卦中刚爻柔爻的作用而产生变迁，和协顺从天理人道，运用合宜的方法治理天下，这样就能穷极万事的道理，尽究万物的本性，以至于通晓天命。

【二】

昔者，圣人之作《易》也，将以顺性命之理。是以立天之道，曰阴与阳；立地之道，曰柔与刚；立人之道，曰仁与义。兼三才而两之，故《易》六画而成卦。分阴分阳，迭用柔刚，故《易》六位而成章。

译文 ☯ 从前，圣人创作《易》书的目的，是要用它来协调万物的特性和命运生成变化的规律。因此，就确定了天的道叫阴与阳，确立地的道叫柔与刚，确立人的道叫仁与义。兼天地人三才而两两相重，所以《易经》就产生了六十四个六画的卦体。六画又分阴位和阳位，交替运用刚柔二爻，因此，《易经》的六十四卦卦体都具备六位从而蔚然成章。

【三】

天地定位，山泽通气，雷风相薄，水火不相射，八卦相错，数往者顺，知来者逆。是故《易》逆数也。

译文 ☯ 《乾》为天在上，《坤》为地在下，天地的位置确定，《艮》为山，《兑》为泽，山和泽的气息是相通的，《震》为雷，《巽》为风，雷和风互相搏击，《坎》为水，《离》为火，水火相反而又相成。这样，八卦既冲突又和谐地相互错杂在一起。要探究过去的历史，可以往后顺着推算，要预知未来的前景，可以向前逆着测知，而《易经》的主要功用是预测未来，所以它的推算方法是逆着推算。

【四】

雷以动之，风以散之，雨以润之，日以烜之，艮以止之，兑以说之，乾以君之，坤以藏之。

译文 《震》卦为雷，其功用是振奋鼓动万物；《巽》为风，其功用是散布流通万物，《坎》为水，其功用是滋润万物，《离》为日，其功用是干燥万物，《艮》为山，其功用是抑止万物，《兑》为泽，其功用是欣悦万物，《乾》为天，其功用是统治万物，《坤》为地，其功用是储藏万物。

【五】

帝出乎震，齐乎巽，相见乎离，致没乎坤，说言乎兑，战乎乾，劳乎坎，成言乎艮。万物出乎震。震，东方也。齐乎巽。巽，东南也。齐也者，言万物之絜齐也。离也者，明也，万物皆相见，南方之卦也；圣人南面而听天下，向明而治，盖取诸此也。坤也者，地也，万物皆致养焉，故曰：致没乎坤。兑正秋也，万物之所说也，故曰：说言乎兑。战乎乾。乾，西北之卦也，言阴阳相薄也。坎者，水也，正北方之卦也，劳卦也，万物之所归也，故曰：劳乎坎。艮，东北之卦也，万物之所成终，而所成始也，故曰：成言乎艮。

译文 大自然的主宰使万物萌生于"震"，齐生并长于"巽"，纷相呈现于"离"，致力用事于"坤"，成熟愉悦于"兑"，交配结合于"乾"，倦怠止息于"坎"，最终完成生长过程而又重新萌生于"艮"。万物出生于"震"，因为《震》卦是象征太阳出升而普照万物的东方。齐生并长于"巽"，因为《巽》卦是象征万物顺畅生长的东南方；并生并长，是说万物的生长状态清新整齐。《离》卦，是光明的象征，光明使万物生长旺盛而纷相呈现，这是代表南方的卦；圣人坐北朝南而听政于天下，面向光明而治理政事，就是取法这一卦。《坤》卦，是地的象征，万物都竭力从大地获得滋养，所以上文才说致力用事于"坤"。《兑》卦，象征正秋时节，在这个时节，万物成熟愉悦，所以上文才说万物成熟愉悦于"兑"。上文说万物交配结合于"乾"，是因为《乾》卦是象征西北方的卦，阴阳在这里追击并结合。《坎》卦，是水的象征，是代表正北方的卦，这是一个代表倦怠的卦，而万物既已倦怠自然必当归藏，所以上文所说倦怠止息于"坎"。《艮》卦是象征万物终而复始的东北方的卦，万物至此完成一轮生长过程而又开始重新萌生，所以上文说万物最终完成生长过程而又开始重新萌生于"艮"。

【六】

神也者，妙万物而为言者也。动万物者，莫疾乎雷；桡万物者，莫疾乎风；燥万物者，莫熯乎火；说万物者，莫说乎泽；润万物者，莫润乎水；终万物始万物者，莫盛乎艮。故水火不相逮，雷风不相悖，山泽通气，然后能变化，既成万物也。

译文 神明，是就它能够奇妙地化育万物而言的。鼓动万物者，以雷最为迅猛；吹拂万物者，以风最为疾速；干燥万物者，以火最为炽热；愉悦万物者，以泽最为和乐；滋润万物者，以水最为湿润；最终完成万物的生长过程而又使之重新萌生者，以"艮"最为隆盛。所以水火性质虽然迥异却能够相互济成，雷风动态虽然迥异却不会相互违逆，山泽高低虽然迥异却能够相互沟通气息，然后大自然才能变化，而创造万物。

【七】

乾，健也。坤，顺也。震，动也。巽，入也。坎，陷也。离，丽也。艮，止也。兑，说也。

译文 "乾"是刚健。"坤"是柔顺。"震"是奋动。"巽"是入。"坎"是凶险。"离"是依附。"艮"是静止。"兑"是愉悦。

【八】

乾为马，坤为牛，震为龙，巽为鸡，坎为豕，离为雉，艮为狗，兑为羊。

译文 "乾"是马，"坤"是牛，"震"是龙，"巽"是鸡，"坎"是豕，"离"是雉鸡，"艮"是狗，"兑"是羊。

【九】

乾为首，坤为腹，震为足，巽为股，坎为耳，离为目，艮为手，兑为口。

译文 "乾"是头，"坤"是腹，"震"是足，"巽"是大腿，"坎"是耳，"离"是目，"艮"是手，"兑"是口。

【十】

乾，天也，故称乎父；坤，地也，故称乎母。震一索而得男，故谓之长男；巽一索而得女，故谓之长女。坎再索而得男，故谓之中男；离再索而得女，故谓之中女。艮三索而得男，故谓之少男，兑三索而得女，故谓之少女。

译文 ☯ "乾"是天，所以称为父；"坤"是地，所以称为母。坤卦☷的母亲，向父亲的乾卦☰索取阳，生下男孩，最先得到一阳的震卦☳是长男；再次得到一阳的坎卦☵是中男；最后得到一阳的艮卦☶是少男。父亲向母亲索取阴，生下女孩，最先得到一阴的巽卦☴是长女，其次得到一阴的离卦☲是中女，最后得到一阴的兑卦☱是少女。

【十一】

乾为天，为圜，为君，为父，为玉，为金，为寒，为冰，为大赤，为良马，为老马，为瘠马，为驳马，为木果。

坤为地，为母，为布，为釜，为吝啬，为均，为子母牛，为大舆，为文，为众，为柄，其于地也为黑。

震为雷，为龙，为玄黄，为旉，为大涂，为长子，为决躁，为苍筤竹，为萑苇。其于马也，为善鸣，为馵足，为作足，为的颡。其于稼也，为反生。其究为健，为蕃鲜。

巽为木，为风，为长女，为绳直，为工，为白，为长，为高，为进退，为不果，为臭。其于人也，为寡发，为广颡，为多白眼，为近利市三倍。其究为躁卦。

坎为水，为沟渎，为隐伏，为矫輮，为弓轮。其于人也，为加忧，为心病，为耳痛，为血卦，为赤。其于马也，为美脊，为亟心，为下首，为薄蹄，为曳。其于舆也，为多眚。为通，为月，为盗。其于木也，为坚多心。

离为火，为日，为电，为中女，为甲胄，为戈兵。其于人也，为大腹，为乾卦，为鳖，为蟹，为蠃，为蚌，为龟。其于木也，为科上槁。

艮为山，为径路，为小石。为门阙，为果蓏，为阍寺，为指，为狗，为鼠，为黔喙之属。其于木也，为坚多节。

兑为泽，为少女，为巫，为口舌，为毁折，为附决。其于地也，为刚卤、为妾，为羊。

译文 ☯ 《乾》是天，是圆，是君，是父，是玉，是金，是寒，冰，是大赤，是良马，是老马，是瘦马，是杂色马，是树果。

《坤》是地，是母，是布，是釜，是吝啬，是平均，是母牛，是大车，是文采，是众，是柄，它在地是黑色。

《震》是雷，是龙，是玄黄色，是开花，是大路，是长子，是急躁，是青竹，是芦苇。它在马是善鸣，是膝以上白色，是动而行健，是白额。它在庄稼，是倒生，果实在地下。它的究竟是健，是蕃盛新鲜。

《巽》是木，是风，是长女，是绳拉直，是工，是白，是长，是高，是进退，是不果决，是气味。它对于人是头发少，额阔，是多白眼，是得三倍利市，它的终究是躁动的卦。

《坎》是水，是沟渎，是隐伏，是矫輮，是弓和木轮。它于人是加忧，是心病，是耳病，是血，是赤。它于马是脊梁美，是性急，是低头，是蹄子薄，是牵引。它于车子是挫败。是通，是月，是盗。它于木是坚而多心。

《离》是火，是日，是电，是中女，是甲和盔，是戈。它于人是大腹。为干燥，是鳖，是蟹，是螺，是蚌，是龟。它于木是空心木。

《艮》是山，是小路，是小石，是门楼，是果瓜，是看门人，守巷人。是指，是狗，是鼠，是猛禽之类。它于木是坚多节。

《兑》是泽，是少女，是巫，是口舌，是冲毁，是溃决。它于地是硬碱土。是妾，是羊。

评点 ◎　《说卦传》总体上是说明八卦重叠，推演成六十四卦的原理与八卦所象征的物象。

第一章说明卦爻辞的制作原理与目的。第二章说明卦象的建立法则，讲到天道是阴与阳，地道是柔与刚，人道是仁与义。第三章论述八卦之间具有的对立统一的关系，宋人据此画出"先天八卦图"如下：

第四章以自然现象的作用，说明八卦。

第五章全面讨论八卦配八方四时的意义，宋人据此，画出了"后天八卦图"如下：

这两个图，影响很大，所以，我们在此列出，限于篇幅，不展开讨论。

第六章，讲解震、巽、离、兑、坎、艮六卦的作用。

第七章至十一章，全面介绍八卦所象征的各种物象。这些卦象，有基本的性质如乾为健，坤为顺等，也有象征的动物、人体部位、人伦关系及各种杂物，充分印证了《系辞传》所说的"远取诸物，近取诸身"的说法。庞杂的物象，多半令人费解，与古经原文对照，多有不符，但毕竟是古老的解释，对于我们理解卦爻辞，还是很有参考价值的。

序卦传

【一】

　　有天地，然后万物生焉。盈天地之间者唯万物，故受之以《屯》；《屯》者，盈也，《屯》者，物之始生也。物生必蒙，故受之以《蒙》；《蒙》者，蒙也，物之稚也。物稚不可不养也，故受之以《需》；《需》者，饮食之道也。饮食必有讼，故受之以《讼》；讼必有众起，故受之以《师》。《师》者，众也。众必有所比，故受之以《比》；《比》者，比也。比必有所畜，故受之以《小畜》；物畜然后有礼，故受之以《履》；《履》者，礼也。履而泰，然后安，故受之以《泰》；《泰》者，通也。物不可以终通，故受之以《否》；物不可以终否，故受之以《同人》；与人同者，物必归焉，故受之以《大有》。有大者不可以盈，故受之以《谦》；有大而能谦，必豫，故受之以《豫》；豫必有随，故受之以《随》；以喜随人者，必有事，故受之以《蛊》；《蛊》者，事也。有事而后可大，故受之以《临》；《临》者，大也。物大然后可观，故受之以《观》；可观而后有所合，故受之以《噬嗑》；嗑者，合也。物不可以苟合而已，故受之以《贲》；《贲》者，饰也。致饰然后亨则尽矣，故受之以《剥》；《剥》者，剥也。物不可以终尽剥，穷上反下，故受之以《复》；复则不妄矣，故受之以《无妄》；有无妄，物然后可畜，故受之以《大畜》；物畜然后可养，故受之以《颐》；《颐》者，养也。不养则不可动，故受之以《大过》；物不可以终过，故受之以《坎》；《坎》者，陷也。陷必有所丽，故受之以《离》；《离》者，丽也。

译文 ❀　有了天地之后，万物才开始产生。所以《易经》首先设定了象征天地的《乾》卦和《坤》卦，而最初充盈天地之间的，只有万物，所以接着是象征万物初生和满盈的《屯》卦；《屯》是满盈的意思，《屯》还表示万物开始萌生。事物初生之时必然蒙昧幼稚，所以接着是象征蒙昧和幼稚的《蒙》卦；《蒙》是蒙昧的意思，表示事物幼稚的状态。事物幼稚，不可不加以滋养，所以接着是象征需待的《需》卦；《需》所表达的是饮食之道。面临饮食问题，必然发生争讼，所以接着是象征争讼的《讼》卦；争讼必然引发众人的奋起，所以接着是象征兵众的《师》卦；《师》是士卒众多的意思，众多，必然有所亲比，所以接着是象征亲比的《比》卦；《比》是亲密比辅的意思。亲比的结果，力量必然有所蓄积，所以接着是象征小有蓄积的《小畜》卦。在有所蓄积之后，需要用礼仪规范行为，所以接着是象征循礼而行的《履》卦。只要循礼而行就能导致通泰，通泰之后就会万事吉安，所以接着是象征通泰的《泰》卦。《泰》是通畅的意思。但是事物发展不可能永远通泰，所以接着是象征阻塞的《否》卦。事物发展也不可能永远阻塞，所以接着是象征和同于人的《同人》卦。与人合同者，万物必然纷纷前来归依，所以，接着是大获所有的《大有》卦。大有者是不可以志得意满的，所以接着是象征谦虚的《谦》卦。既大有又能谦虚者，必然安乐，所以接着是象征安乐的《豫》卦。使民众安乐，众人必然前来追随，所以接着是象征追随的《随》卦。以喜悦之心，追随于人者，必然有所用事，所以接着是象征拯弊治乱的《蛊》卦。《蛊》含有治理的意思。只有有所用事，而后才能建立盛大的功业，所以接着是象征居高临下的《临》卦；《临》含有居高临下、处大临小的意思。功业盛大，而后才可能受人仰慕，所以接着是象征仰慕的《观》卦。受人仰慕，他人便与之相合而同，所以接着是象征相合的《噬嗑》卦。"嗑"是相合的意思。事物相合不能苟合，所以接着是象征文饰的《贲》卦；《贲》是文饰的意思。但是假如过分致力于文饰之后，

事物通畅的发展道路就会达到尽头，所以接着是象征剥落的《剥》卦；《剥》是剥落的意思。不过事物也不可能永远处于穷途末路，剥落达到极点，事物又会由上返下，所以接着是象征回复的《复》卦。一旦回复正道就不会再胡作非为，所以接着是象征不妄为的《无妄》卦。有了不胡作妄为的德行之后，就可以蓄积外物，所以接着是象征大有蓄积的《大畜》卦。事物大有蓄积之后，才可以施用于颐养，所以接着是象征颐养的《颐》卦。《颐》就是颐养的意思。得不到充足的颐养就不可能振作兴动，所以接着是象征大为过甚的《大过》卦。但是事物也不能永远过甚，因为过极必险，所以接着是象征险陷的《坎》卦。《坎》是险陷的意思。遭遇险陷，必然要有所附丽，目的在于获援除险，所以接着是象征附丽的《离》卦。《离》就是附丽的意思。

【二】

　　有天地，然后有万物；有万物，然后有男女；有男女，然后有夫妇，有夫妇，然后有父子；有父子，然后有君臣；有君臣，然后有上下；有上下，然后礼仪有所错。夫妇之道，不可以不久也，故受之以《恒》；《恒》者，久也。物不可以久居其所，故受之以《遁》；《遁》者，退也。物不可以终遁，故受之以《大壮》；物不可以终壮，故受之以《晋》；《晋》者，进也。进必有所伤，故受之以《明夷》；夷者，伤也。伤于外者，必反其家，故受之以《家人》。家道穷必乖，故受之以《睽》；《睽》者，乖也。乖必有难，故受之以《蹇》；《蹇》者，难也。物不可以终难，故受之以《解》；《解》者，缓也。缓必有所失，故受之以《损》；损而不已，必益，故受之以《益》；益而不已，必决，故受之以《夬》；《夬》者，决也。决必有所遇，故受之以《姤》；《姤》者，遇也。物相遇而后聚，故受之以《萃》；《萃》者，聚也。聚而上者，谓之升，故受之以《升》；升而不已，必困，故受之以《困》。困乎上者，必反下，故受之以《井》；井道不可不革，故受之以《革》。革物者莫若鼎，故受之以《鼎》；主器者莫若长子，故受之以《震》；《震》者，动也。物不可以终动，止之

故受之以《艮》;《艮》者,止也。物不可以终止,故受之以《渐》;《渐》者,进也。进必有所归,故受之以《归妹》。得其所归者必大,故受之以《丰》;《丰》者,大也。穷大者必失其居,故受之以《旅》;旅而无所容,故受之以《巽》;《巽》者,入也。入而后说之,故受之以《兑》;《兑》者,说也。说而后散之,故受之以《涣》;《涣》者,离也。物不可以终离,故受之以《节》;节而信之,故受之以《中孚》;有其信者,必行之,故受之以《小过》;有过物者,必济,故受之以《既济》;物不可穷也,故受之以《未济》,终焉。

译文 🌀 有了天地,万物才开始产生;有了万物之后,男性和女性才开始出现;有了男性和女性之后,男人和女人才配成夫妇;有了夫妇婚配,然后才产生父子;有了父子之后,人类便越来越多,这就需要加以治理,于是才出现了君臣,有了君臣之义之后,又产生了上下尊卑的名份;有了上下尊卑的名份,人间的礼仪才逐渐形成。上述关系可以用阴阳两个概念加以概括,即万事万物都分阴阳两性。有了阴阳,两性必然交相感应,所以接着是象征交感的《咸》卦。夫妇之道不可以不恒久存在,所以接着是象征恒久的《恒》卦;《恒》就是恒久的意思。事物不可能永久安居一处,所以接着是象征退避的《遁》卦;《遁》表示退避远去。事物不能始终退避不进,所以接着是象征壮大兴盛的《大壮》卦,事物不能始终安于壮盛而不再进取,所以接着是象征进长的《晋》卦;《晋》是进长的意思。前进过程中必然受到伤害,所以接着是象征光明受损的《明夷》卦;《夷》是损伤的意思。在外受损伤之后,必然要返回家中求取安慰,所以接着是象征一家之人的《家人》卦。一家人假若挚爱挚亲却加节制,家道就会陷入困窘之中而事事乖违不顺,必然会有不测,所以接着是象征乖违的《睽》卦;《睽》是乖违不顺的意思。事物处于乖违不顺,必然会有灾难,所以接着是象征灾难的《蹇》卦,《蹇》是灾难的意思。不过,事物也不会始终处于灾难之中,所以接着是象征舒解的《解》卦,《解》就是缓解的意思。缓解如果超过了一定的程度,必然招致损失,所以接着是象征减损的《损》卦。不断减损,一旦达到极点,必然有所增益,所以接着是象征增益的《益》卦。不断增益,一旦达到极点,必然决溃,所以接着是象征决断的《夬》卦;《夬》含有果断清除的意思。决除邪恶,必然有所新遇,所以接着是象征相遇的《姤》卦;《姤》是相遇的意思。事物相遇而后就是会聚,所以接着是象征会聚的《萃》卦,《萃》就是会聚的意思。会聚能够导致上进,这种状况叫做上升,所以接着是象征上升的《升》卦。如果上升不止又必然导致困窘,所以接着是象征困窘的《困》卦。困窘于上既久,必然反归于下,目的是求得安身之地,所以接着是象征水井的《井》卦。水井的存在之道是历久井水则秽不可食,因而要变革淘洗,所以接着是象征变革的《革》卦。变革事物的性质,以鼎器最为有力,因为鼎能化生为熟,所以接着是象征铜鼎的《鼎》卦。鼎器又是权力的象征,而主持鼎器者没有比长子更合适的了,所以接着是象征权威,具有长男之象的《震》卦;《震》是奋动的意思。但是事物不能永远奋动,应适当而止,所以接着是象征抑止的《艮》卦;《艮》就是抑止的意思。事物不能始终抑止不进，所以接着是象征渐进的《渐》卦；《渐》就是渐进的意思。渐进必然有所归趋，所以接着是象征嫁出少女的《归妹》卦。事物一旦获得归趋之所，必然逐渐丰厚壮大，所以接着是象征丰厚壮大的《丰》卦；《丰》就是丰大的意思。丰厚壮大达到极点，必然丧失安居之所，所以接着是象征行旅的《旅》卦。旅行在外而无处容身，必然顺从于人，以求容身之所，所以接着是象征顺从的《巽》卦；《巽》即顺，含有顺从则能入的意思。进入适宜的容身之所，心中必然欣悦不止，所以接着是象征相合欣悦的《兑》卦；《兑》是欣悦的意思。有

欣悦相合必然有忧戚离散，所以接着是象征离散的《涣》卦；《涣》就是离散的意思。事物不可能始终离散不止，所以接着是象征节制的《节》卦。节制之道必须用诚信加以持守，所以接着是象征诚信的《中孚》卦。坚守诚信者必然要过为果断地实行其操持，所以接着是象征小有过越的《小过》卦。矫正有过越者，功业必能成功，所以接着是象征功业已成的《既济》卦。但事物发展不能走向极端，所以《易经》接着设定象征功业未成的《未济》卦，以此作为六十四卦的终结。

评点　《序卦传》是讲解《易经》六十四卦排列顺序的，试图找出六十四卦之间的因果联系。指出上经三十卦，从《乾》《坤》卦开始到《坎》《离》卦为止；下经三十四卦从《咸》《恒》卦开始到《既济》《未济》为止。上经是从天地讲起止于水火；所以重在讲天道，下经从夫妇人伦关系讲起，止于《未济》，重在讲人道。

我们仔细阅读《序卦传》全文便会发现，作者认为六十四卦之间的排列顺序有两种，一种是相因关系，一种是相反关系，前者如《乾》《坤》《屯》《蒙》之间的关系，《序卦传》作者说："有天地，然后万物生焉，盈天地之间唯万物，故受之以《屯》，《屯》者，物之始生也，物生必蒙，故受之以《蒙》。"意思是有天地的《乾》《坤》，才能有万物，才能有物之始生的《屯》，有了《屯》，才有物之稚的《蒙》，这几个卦之间的逻辑联系是相因的，除此之外，更多的排列顺序则是相反的，如有了《泰》卦就会产生相反的《否》卦；有了《剥》卦就会产生相反的《复》卦等等。

六十四卦的排列顺序的这种相因相反的关系，可以看做天下事物都是具有这两种关系的，进而把六十四卦的排列顺序纳入了哲学的范畴。同时，作者还在探讨相反关系中的规律，即物极必反的规律，认为事物的变化是根线，贯穿六十四卦的始终，体现了《易经》"穷则变，变则通，通则久"的变易思想，这很了不起。所以，六十四卦中每一卦的吉或凶，是互相转化的，吉不能终吉，凶亦不能终凶，发展到一定阶段必然会走向它们的反面而产生下一卦，这给人的启示是很深刻的，人们反复研读该文，便会悟出好事变成坏事，坏事也可能变成好事的道理，并提示人们要留心事物发展变化的苗头，及时抓住机遇，使事物向好的方面转化，把坏事变成好事，并防止好事变成坏事，这颇有些辩证法的味道，虽然《序卦传》作者的解释，今天看来有些地方很牵强，但毕竟给人们以有益的启示，这点还是值得肯定的。

杂卦传

《乾》刚《坤》柔，《比》乐《师》忧。

《临》《观》之义，或与或求。

《屯》见而不失其居，《蒙》杂而著。

《震》，起也，《艮》，止也。

《损》《益》，盛衰之始也。

《大畜》，时也。《无妄》，灾也。

《萃》聚而《升》不来也。

《谦》轻而《豫》怠也。

《噬嗑》，食也。《贲》，无色也。

《兑》见而《巽》伏也。

《随》，无故也。《蛊》，则饬也。

《剥》，烂也。《复》，反也。

《晋》，昼也。《明夷》，诛也。

《井》通而《困》相遇也。

《咸》，速也。《恒》，久也。

《涣》，离也。《节》，止也。《解》，缓也。《蹇》，难也。《睽》，外也。《家人》，内也。《否》《泰》，反其类也。

《大壮》则止，《遁》则退也。

《大有》，众也。《同人》，亲也。《革》，去故也。《鼎》，取新也。《小过》，过也。《中孚》，信也。《丰》，多故也。亲寡《旅》也。

《离》上而《坎》下也。

《小畜》，寡也。《履》，不处也。

《需》，不进也。《讼》，不亲也。

《大过》，颠也。《姤》，遇也。柔遇刚也。《渐》，女归待男行也。《颐》养正也。《既济》，定也。《归妹》，女之终也。《未济》，男之穷也。《夬》，决也，刚决柔也，君子道长，小人道忧也。

译文 ☯ 《乾》卦刚健，《坤》卦柔顺，《比》卦亲近快乐，《师》卦出征忧愁。

《临》卦临民施行政事，《观》卦观察民情，所以或者施行政事，或者求民情。

《屯》卦萌芽出现得其所，《蒙》卦萌芽错杂而显著。

《震》卦是动，《艮》卦是止。

《损》卦是衰落的开始，《益》卦是兴盛的开始。

《大畜》是储蓄，《无妄》是无灾。

《萃》卦是聚集，《升》卦是下降。

《谦》卦谦虚所以身价轻。《豫》卦享乐所以怠惰。

《噬嗑》卦吃东西，《贲》卦文饰到质朴，所以无色。

《兑》卦是喜悦显现，《巽》卦是谦逊，不外露而隐伏。

《随》卦追随人，所以是无事故。《蛊》卦事情坏，所以整顿。

《剥》卦是腐烂剥落，《复》卦是回到好的方面来。

《晋》卦是太阳升起，是白昼，《明夷》卦是"明入地中"，像贤人受罚，所以是诛罚。

《井》卦，因井水养人，所以通顺，《困》卦是"困于酒食"，所以遇困。

《咸》卦是"盛感"的意思，感的效果是速。《恒》卦是恒久的意思。

《涣》卦是离散，《节》卦是节止，《解》卦是缓解，《蹇》卦是艰难，《睽》卦是离家在外，《家人》卦是回到家里，《否》《泰》卦是从闭塞一反到通顺。

《大壮》卦是停止再壮大，《遁》卦是退隐。

《大有》卦是众多的含义，《同人》卦就是彼此亲密，《革》卦是改革旧的东西，《鼎》卦是获取新的东西，《小过》卦是小有过失，《中孚》卦是讲诚实守信，《丰》卦多老友故交，《旅》卦缺少亲人。

《离》卦是火向上，《坎》卦是水向下。

《小畜》卦是积蓄少，《履》卦是行动不停于一处。

《需》卦是停留不进，《讼》卦是争讼不亲近。

《大过》卦是要颠覆，《姤》卦是相遇，是柔遇到刚，《渐》卦是女子出嫁等男方来迎娶，《颐》卦是正确的供养，《既济》是完成了，《归妹》卦是女子出嫁，终得归宿，《未济》卦是男子的事业没有成功，《夬》卦是决断、刚决定柔，象征君子之道盛长，小人之道消亡。

评点 ❀ 《杂卦传》是阐述六十四卦之间的内在含义的，它不像《序卦传》那样，按照六十四卦的顺序来阐释，而是错杂地讲，所以称为《杂卦》。

我们仔细阅读，会发现《杂卦传》比《序卦传》在讲相反的卦时所对举的例子多，从"《乾》刚，《坤》柔，《比》乐，《师》忧"，到"《革》去故，《鼎》取新，《丰》多故，《旅》亲寡"等等，这些富有哲学意义的命题，表明人们的思维水平、认识客观事物的程度，均比《序卦传》向前迈出了一大步，说明《杂卦传》作者试图从整体、从规律的角度去探讨六十四卦之间的内在联系，这非常高明。尤其值得注意的是《夬》卦并不是六十四卦的最后一卦，该传作者却将其放到了文章的最后，作者这么安排的用意是什么呢？原来，《夬》是决断的意思，刚决柔，方能"君子道长，小人道忧"，卒章显意，提醒君子要决断小人，要亲君子，远小人，使天下君子之道盛长，小人之道消亡。从此，亦可见《杂卦传》的作者，乃至《易经》作者的匠心之所在，"君子道长，小人道消，"足以看出《易经》是写给君子们看的，是君子的人生指南。

附录：读《易》常识

在决定重大事件时，以某些方法询问神意，这是所有原始民族间的共通现象，不懂得科学知识及方法的先民们，以顺从神意来获得行动的勇气与自信，并使部族成员意志统一，把神的意志传送给人，或将人的意志传达给神，需要找到一种具有特殊能力的媒介，这样便出现了巫祝，产生了龟卜及蓍筮。

龟卜，盛行于公元前13世纪，当时，龟与水牛被人们视为圣兽，所以认为神意寄存在龟甲与牛骨上。在龟甲（或牛骨）上打洞，再于背面烤火使其产生裂痕，这就是兆，视其线的形状与光泽来判断吉凶。判断的结果刻在龟甲上保存下来，即为卜辞。卜字是兆的象形文字，而占字是以口表示卜意的会意文字。

蓍筮，产生于周朝时期，简单说是使用蓍草的茎来推演占卜，得出结论。蓍为多年生草，因其生至千年时，一株根可生三百茎，故被视为灵物，用于占筮。虽然龟卜与蓍筮，都是由原始的咒术信仰而产生的，但两者之间仍有很大的差距。龟卜大幅度地依存巫祝的灵性，有浓厚的神秘性，但蓍筮是以数理为基础，有着向理性、知性方向发展的倾向，最可贵的理性思维的萌芽由此破土而出。同时，由于农业技术的发展，人们对与农耕生活有密切关系的气候、季节、天文、历术等知识有了更进一步的认识，自信逐渐增强，要找出一种天地万物的抽象，于是便逐渐发明了卦爻符号及其八卦体系。

卦爻符号是怎么产生的呢？《系辞》说："古者包牺氏之王天下也，仰则观象于天，俯则观法于地，观鸟兽之文，与地之宜，近取诸身，远取诸物，于是始作八卦，以通神明之德，以类万物之情。"由这段文字记载可看出，卦爻及其符号系统的产生是经过先民们相当长的时间观察、积累、思考的结果。

应当指出，《易经》中的卦爻符号，是先民们对天地万物包括人类本身的长期观察之后的思维结果，但它并没有唯心先验的色彩，而是具有相当朴实的唯物基础。这些抽象的符号，又具有形象性，从而比较精细地反映了事物的本质及其相互间的辩证联系。

作为一个完整的八卦及其六十四卦，其基本的构成要素是"－ －"阴爻与"－"阳爻两爻画。

这是掌握《易经》至关重要的两个爻画。

我们的汉字，是一种象形文字，它经历了一个从简单的象形会意记事符号逐渐过渡到比较复杂的符号体系，而最后形成为一种丰富多姿的文字系统过程。最简单的刻画，如"－"、"－ －"、"X"、"|"

等等，是先民们最早关于客观事物的一种思维符号，不同阶段不同层次的思维活动形式，又反映了不同时期的先民们对于客观世界的认识水平。早在商代，由于生产活动的长足发展，先民们已开始发现自然界中的一些基本规律，触摸到了在事物发生发展中起着至关重要的两种对立因素，他们认为这两种互相消长缺一不可的因素是任何事物都具有并且固有的属性。例如，由最早的太阳照射的向背，把向日者称为阳，背日者称为阴。扩而大之，用来指称表示天地万物间一切相互对立的事物。相互矛盾统一的动态平衡势力或属性，凡动的、热的、在上的、向外的、明亮的、亢进的、强壮的等等，均视为阳；凡静的、寒的、在下的、向内的、晦暗的、减退的、虚弱的等等，均视为阴。由此，开始形成了中国文化所特有的阴阳观念，而且这一观念，概括和象征范围极为广泛，举凡自然界和人类社会中一切彼此相互对立、矛盾统一的事象物理，如天地、日月、昼夜、黑白、明暗、冷暖、胜负、动静、上下、左右、东西、南北、内外、快慢、刚柔、宽严、虚实、奇偶、方圆、大小、远近、出入、进退、往来、得失、存亡、损益、生死、吉凶、祸福、泰否、优劣、君臣、官民、父母、夫妻、男女等等，无所不包，都可用它来表示，于是，便出现了将自然万物以及各种现象统统分为阴、阳两类，其中包括人类，甚至，作为人类最早的抽象思维结果的自然数，也概莫例外地被分为"阴""阳"两类，其中的1、3为"阳"，2、4为"阴"等等。

在这样一个认识发展的背景下，人类最古老的符号推理系统中的初始符号"━ ━"、"━"，作为构成事物，决定事物发生发展的"阴"与"阳"两大元素的概括的符号，自然而然地诞生了。

代表阴、阳两大元素的"━ ━"、"━"符号，无疑是最经济的抽象思维模式，从数学观点看，"━"为奇数的起点，"━ ━"为偶数的起点，是最典型的表示方法。从生物学方面看，诚如郭沫若在《中国古代社会研究·周易时代的社会生活》一文中所言，"━ ━"、"━"两个爻画，是男、女生殖器，也是一切动物的生殖器的象征，男、女生殖器使人类繁衍不息，正同事物所固有的阴、阳两元素使万物发生发展，构成了一个绚丽多姿、生生不息的大千世界。

可见，阴、阳两爻画的创造，是先人在觉察到了世间万物具有阴阳元素矛盾对立属性之后，对于客观事物的第一次成熟的抽象思考，也是先人辩证地开展逻辑思维活动的起点。阴阳，相当于今天说的矛盾，只是当时的先民们选择了这两个字眼罢了。朱熹说："天地之间，无往而非阴阳，一动一静，一语一默，皆是阴阳之理。"这是对阴阳很精当的说明。因此，阴阳爻画的诞生，不仅具有逻辑意义，更具有哲学意义。它说明中国先民们已经深刻认识到了阴阳的相互作用对万物的产生和发展的重要意义。《周易·系辞》说"一阴一阳之谓道"，"道"就是自然法则或规律，这实在是一个很了不起的发现。中国古代哲学的阴阳理论，承认、重视阴阳对立，并追求、崇尚阴阳统一，即平衡、和谐，这种思维模式，奠定了中国传统思维模式的根基，一直影响到今天。

三、经卦——八卦

阴、阳爻画的第一次排列组合,构成八卦,每卦均由三个爻画构成,又称为"经卦"。

关于八卦的创说,最早文字记载的是《系辞传》中所说的"古者包牺氏始作八卦,以通神明之德,以类万物之情"。其中包牺氏就是伏羲,从《系辞传》的记载中可看出,八卦符号系统得以产生的基础条件有三:一是对天地及其万物观察的结果;二是对人类自身的认识;三是与华夏民族的象形文字有关,如"☵"坎卦为"水"字等。

包牺氏是怎样以"– –"、"—"两个基本符号为起点创立出"八卦"的呢?以我们的眼光来看,似乎很简单,两个基本爻画,按着"3"这个数字构造成符号组,便是"$2^3=8$"。这种由三个爻画构成的符号组,称为"卦",共组成八个组,所以称为八卦。其实做到这点很不简单。因为处在原始社会的先民们,计数时很少能超过三的。一旦超过三,如四、五,则叠三而成,如《说文》:"三,成数也。"成数之意,就是数的顶点。所以八卦由三爻画组成而不是四爻画、五爻画,原因就在此。

这样,八卦的排列次序如下:

乾☰ 震☳ 坎☵ 艮☶
坤☷ 巽☴ 离☲ 兑☱

可以看出,在乾行除乾卦外,其他三个阳卦的次序,是按照阳爻的位置由下往上的变动排成的;在坤行,除坤卦外,其他三个阴卦的次序,是按照阴爻位置由下往上的变动排列的。其中含有一个阳爻的,又称为阳卦,含有一个阴爻的,又称为阴卦。

由下往上变动,很重要,以后学习六十四卦,每卦六爻的变动次序也是由下往上的。其原因在于先民们在组成各卦时,是从最下面的一个爻位开始的,在按卦推演时,先民们也是从下往上计数爻位,其中底下的爻位称"下位",中间的爻位称"中位",上部的爻位称"上位"。

八卦,又细分为阳卦与阴卦两大卦体,这两类卦体,分别代表着大千世界中的阴、阳两大类事物情况,八卦各有其所代表的八类基本物质及其属性。一般地说,乾卦为天,坤卦为地,震卦为雷,巽卦为风,坎卦为水,离卦为火,艮卦为山,兑卦为泽。此外,如表所示:

八卦所象事物简表

卦名	自然	人	属性	动物	身体	方位	季节
乾☰	天	父	健	马	首	西北	秋冬间
坤☷	地	母	顺	牛	腹	西南	夏秋间
震☳	雷	长男	动	龙	足	东	春
巽☴	风	长女	入	雏	股	东南	春夏间

卦名	自然	人	属性	动物	身体	方位	季节
坎☵	水	中男	陷	豕	耳	北	冬
离☲	火	中女	附	雉	目	南	夏
艮☶	山	少男	止	狗	手	东北	冬春间
兑☱	泽	少女	悦	羊	口	西	秋

四、别卦——六十四卦

八卦，虽然能够反映客观世界的大致面貌和基本规律，但还不能至精至微地反映天地万物之间错综复杂的关系和微妙变化。随着人们对客观世界的认识能力的提高，随着社会生产力水平的不断进步，所开展的思维活动也越来越丰富、复杂。以三个爻为一个符号组成的八卦系统，越来越不能满足人们思维的实际需要了。于是，一个比八卦更为复杂的符号系统，也就应运而生了。

传说周文王囚羑里，在狱中重八卦为六十四卦。现无定论，不管怎样，由八卦而六十四卦，无疑是一个重大的飞跃。它显示了华夏先人思维能力的突飞猛进，是人类思维史上的一次革命。是对八卦的继承和发展，是两卦相荡而生成的"六画之象"，是"八卦相荡"而生成的六十四卦。它是由两个经卦相重而成，所以，这六十四个"六画之象"的卦体又称为"别卦"。其排列顺序如下：

乾☰　坤☷　屯☵　蒙☶　需☵　讼☰　师☷　比☵

小畜☴　履☰　泰☷　否☰　同人☰　大有☲　谦☷　豫☳

随☱　蛊☶　临☷　观☴　噬嗑☲　贲☶　剥☶　复☷

无妄☰　大畜☶　颐☶　大过☱　坎☵　离☲　咸☱　恒☳

遁☰　大壮☳　晋☲　明夷☷　家人☴　睽☲　蹇☵　解☳

损☶　益☴　夬☱　姤☰　萃☱　升☷　困☱　井☵

革☱　鼎☲　震☳　艮☶　渐☴　归妹☳　丰☳　旅☲

巽☴　兑☱　涣☴　节☵　中孚☴　小过☳　既济☵　未济☲

六十四卦为什么这样排列？它有无合理性？《序卦传》《杂卦传》对此做了论述，请参见前文的解释。

六十四卦中每一别卦的六个爻画，自下而上推，第一爻称为"初"，第二爻称为"二"，依次为"三""四""五"，到最上的第六爻，则称为"上"。又把阳爻称为"九"，阴爻称为"六"。如《乾》卦的第一爻称为"初九"，第二爻称为"九二"，第六爻称为"上九"。《坤》卦第一爻称为"初六"，第二爻称为"六二"，直到第六爻称为"上六"，又如一卦之中既有阴爻又有阳爻，则各依其性质、位置称呼，以《未济》卦为例，由下往上称呼为："初六""九二""六三""九四""六五""上九"。

别卦六个爻的位置，也按照奇数为阳，偶数为阴的原则，分为"阳位"和"阴位"两类，其中一、三、五爻位为阳位，二、四、六爻位为阴位。倘若阳爻居于阳位，或者阴爻居于阴位，则称之"当位""得位"；如果阳爻居于阴位，或者阴爻居于阳位，则称之"不当位""失位"。还以《未济》卦为例，一、三、五为阳位，却全是阴爻，二、四、六位为阴位，却全是阳爻，这样，整个《未济》卦的六个爻，都属于"不当位"或"失位"。

在别卦中，人们还把自下而上的六个爻画，按两画一组依次分为三组，分别象征地、人、天"三才"。即初、二爻一组为"地"，三、四爻一组为"人"，五、上爻一组为"天"。

此外，在别卦中，还可由三个爻组成一个经卦的情况，具体情况有如下两种：

一是初爻与第二、三爻合成一个经卦，第四、五、上爻合成一经卦。由于《易经》卦爻推演是自下而上的，所以初、二、三爻组成的经卦称为"内卦"（也称"下卦"或"贞"）；四、五、上爻组成的经卦称为"外卦"（也称"上卦"或"悔"）。

二是互体卦。即在一个别卦的六个爻中，除了内、外两个经卦之外，还包含着由二、三、四爻合成的一个经卦，以及由三、四、五爻合成的一个经卦。由于这两个新的经卦交叉包含有第三爻、第四爻，所以称为"互体卦"。

下面，介绍一下古人在其注释《易经》经文的著作中，认为每个卦体的阴阳爻画之间，存有的"承""乘""比""应""据""中"的关系等概念。弄清这些概念关系很重要。自汉人始，迄清人止，历代的《易》学家在注释经文，阐述《易》象时，他们都离不开运用这些关系来比附推论的。

1．承

所谓"承"，一般指一卦的卦体中，若阳爻在上，阴爻在下，则此阴爻对于上面的阳爻称之谓"承"。

举《坎》卦☵为例。在这一卦体中，六四爻为阴爻，九五爻为阳爻。九五爻位置在六四爻之上，即为六四爻"承"九五爻。古人称之谓"四承五"。同样，在这一卦体中，初六爻为阴爻，九二爻为阳爻，九二爻位置在初六爻之上，即为初六爻"承"九二爻，古人称之谓"初承二"。

下面，以汉人虞翻为例，看看他是如何运用这种关系注《易》的。如《随》卦☳六二爻："系小子，失丈夫。"虞翻注曰："承四隔三，故失丈夫。"（《周易集解·随卦》）意思是说，在《随》卦☳中，六二爻阴爻，位置在下，九四爻是阳爻，象征"丈夫"，位置在上，六二爻"承"九四爻，又被六三爻在中间阻隔，因而"失丈夫"。

古人在运用"承"的关系分析卦象时，若卦体中一个阴爻在下，数个阳爻在上，则下面的这一阴爻，对于上面的几个阳爻都可以称为"承"。譬如《姤》卦☴的初六爻，它既可以"承"九二爻，也可以"承"九三爻、九四爻、九五爻及上九爻。同样，在一个卦体中，若几个阴爻在下，一个阳爻在上，则下面的几个阴爻对于上面的阳爻也都可以称"承"。如《谦》卦☷初六爻辞中"谦谦君子"一句，《周易集解》引荀爽注曰："初在最下为谦，二阴承阳亦为谦，故曰'谦谦'也。二阴一阳，相与成体，故曰'君子'也。"意思是说，在《谦》卦卦体中，初六爻为阴爻,位置在最下,本有谦让的意思。初六爻与六二爻都"承"九三爻,也有谦旨,故称之谓"谦谦",在《谦》卦中,由初六爻、六二爻与九三爻这样两个阴爻一个阳爻构成了内卦艮,艮为少男,故称"君子"。据此,这就是荀爽以后解释《谦》卦初六爻为什么称"谦谦君子"的原因。

有时,两相同之爻亦可称"承",如王弼在《周易注》中解《履》卦九四爻"履虎尾,愬愬终吉"说"遍近至尊,以阳承阳,处多惧之地"等。

2. 乘

所谓"乘",一般指六画之象中,若阴爻在上,阳爻在下,则此阴爻对下面的阳爻称之谓"乘"。如《比》卦䷇上六爻为阴爻,九五爻为阳爻,上六爻在九五爻之上,即为上六爻"乘"九五爻,古人称"上乘五"。再如《泰》卦䷊在这一卦体中,六四爻为阴爻,九三爻为阳爻,六四爻位置在九三爻之上,即为六四爻"乘"九三爻,古人称"四乘三"。

若一个卦体中,几个阴爻都在一个阳爻之上,则这几个阴爻对这一阳爻都可以称"乘"。有时,两相同之爻亦可称"乘"。

3. 比

所谓"比",指在一卦的卦体中,其相邻两爻若是有一种相亲密的关系,称之为"比"。如初爻与二爻;二爻与三爻;三爻与四爻;四爻与五爻;五爻与上爻等都可以称"比"。若相邻两爻,一爻为阴,一爻为阳,较善于得比。在《周易集解》中,虞翻多以此注《易》。如《比》卦䷇六四爻:"外比之贞吉。"虞翻注曰:"在外体故称外,得位比贤,故贞吉也。"意思说,在《比》卦中,六四爻的位置在外卦,所以说,"在外体",六四爻是阴爻,位置在第四爻,第四爻是"阴位",因阴爻而居阴位,故称"得位",又因六四爻与九五爻有相"比"的关系,故称"得位比贤"。

4. 应

《易纬·乾凿度》:"三画以下为地,四画以上为天。动于地之下则应于天之下,动于地之中则应于天之中,动于地之上则应于天之上。"这就是说,在六画之象中,其初爻与四爻、二爻与五爻,三爻与上爻之间,汉人认为有着一种呼应的关系。这种呼应关系被称之谓"应"。如《否》卦䷋,在这一卦体中,初六爻"应"九四爻,六二爻"应"九五爻,六三爻"应"上九爻。

又如《临》卦䷒初九爻:"咸临,贞吉。"虞翻注曰:"得正应四,故贞吉也。"意思说:初九爻为阳爻,又在阳位,阳爻居阳位,故为"得正"。在这一卦中,初九爻应六四爻,故谓"应四"。六四爻为阴爻,又居阴位,也"得正",由初九爻与六四爻这样两个"得正"的卦爻互为"应",虞翻认为这就是此爻"贞吉"的原因。

另如《大有》卦䷍九二爻辞中,"有攸往无咎"一句,虞翻注曰:"二失位,变得正应五,故'有攸往无咎'矣。"

5. 据

所谓"据",是指在一卦的卦体中,阳爻居于阴爻之上,则此阳爻对于下面的阴爻称之谓"据"。以《蒙》卦䷃为例，虞翻注该卦九二爻曰："应五据初。"意思是说，在这一卦体中，九二爻应六五爻，故曰"应五"。同时，九二爻为阳爻，初六爻为阴爻，九二阳爻在初六阴爻之上，就是九二爻"据"初六爻，故谓"据初"。

在一个卦体中，若只有一个阳爻，其余都是阴爻，而此阳爻对其余阴爻可称"据"。如《豫》卦䷏九四爻"由豫，大有得"一句虞翻注曰："据有五阴，坤以众颐。"意思是说，在这一六画之象中，九四爻为阳爻，它一爻可以"据"其他五阴，《豫》卦内卦为坤，坤为众，故谓"据有五阴，坤以众颐"。

6. 中

所谓"中"，又称"居中""得中""处中"等。一般系指一卦卦体中的第二爻与第五爻。因为第五爻为外卦之"中"，第二爻为内卦之"中"。以《需》卦䷄为例，在这一卦体中，九二爻居内卦乾的正中，九五爻居外卦坎的正中，所以在这两种情况下，古人注《易》时，皆谓之"得中""处中"等。

又如《观》卦䷓九五爻："观我生，君子无咎。"虞翻曰："得道处中，故君子无咎矣！"意思是说，九五爻在君位，为得道之位，它又处外卦之"中"，故谓"得道处中"，虞翻认为这样便可以"无咎"了。如果既得中，又得位，叫做"中正"。

以上我们简略地介绍了"承""乘""比""应""据""中"，由于有这些关系，使得整个六十四卦在推演时有了一定的依据。同时，我们在研讨汉唐以来各家《易》注时，也必然会用到这些术语分析卦象，阐释经文。所以应对这些术语有个粗浅的了解，以便掌握自汉唐至明清传统研究《易经》的方法。

▶ 五、关于占筮方法

《易经》的占筮方法，见于《系辞传上》一段记载，详细介绍如下：

五十根蓍草，先拿出一根，始终不用，以象征天地未开之前的太极。

将四十九根蓍草，随意分开，握于左右手中。左手握的象征天，右手握的象征地。

从右手抽出一根，夹在左手小指与无名指之间，象征人。

放下右手的蓍草，用右手数左手中的蓍草，每四根一数，象征四季，数到余下四根或四根以下的时候，将这些余数夹在无名指与中指之间，象征闰月。

再拿起右手放下的蓍草，用左手数，也是每四根一数，最后余下的四根或小于四根的蓍草，夹在中指与食指之间。

此谓一变。

将桌面上一变所剩下的蓍草，再拿起，随意分二半，从右手拿出一根，夹在左手小指缝间。然后如一变所说那样，进行二变。

三变是将二变所剩余的蓍草，再如一变那样，从右手拿出一根，夹在左手小指缝间，先数左手，再数右手，四四一数，把剩下的四根或小于四根的蓍草仍然夹在中指与无名指之中。则桌面上的蓍草数，会有以下四种情况之一，一是36根蓍草，二是32根蓍草，三是28根蓍草，四是24根蓍草。无论是哪一种，均除以4，则结果为：

$$36 \div 4 = 9$$
$$32 \div 4 = 8$$
$$28 \div 4 = 7$$
$$24 \div 4 = 6$$

如果是9，叫老阳用"—"表示，如果是8，叫少阴用"▪▪"表示，如果是7，叫少阳用"—"表示，如果是6，叫老阴用"——"表示。

把三变而成的数记下来，是一卦中的初爻。

然后，把手中夹的蓍草与桌面剩余的蓍草合起来，与上述方法一样，再演三次，"三变而小减"，所得数记下是第二爻。

如是者共求出六个爻画。

从初爻到上爻是从下往上记的，即最后所得的爻画是最上爻。求出六个爻画共数蓍草十八次，这就是《系辞传上》所说的"十有八变而成卦"。

"老变少不变"，即所求为9或6，是谓老阳或老阴，则由原来的阳变阴，阴变阳，而若是少阳的7或少阴的8则不变。

如你所求得的爻画，从初爻到上爻，依次为9、7、6、8、6、9，则这一卦为䷨，称之为本卦，根据"老变少不变"的原则，其中的初爻9、三爻6、五爻6、上爻9要变，而二爻的7、四爻的8不变，则得的变卦为䷯，称之为之卦。本卦为山泽《损》卦䷨，之卦为水风《井》卦䷯，传统叫法为：《损》之《井》。

占筮时，以变爻为主。

每一卦，共有六个爻画，变爻情况不尽相同，可能有如下几种：一是六爻全不变，二是六爻全变，三是一个爻变，四是二个爻变，五是三个爻变，六是四个爻变，七是五个爻变。这些情况的出现，依据什么来占断呢？朱熹在《易学启蒙》中有说明，大致为：六爻全不变，以本卦卦辞占；六爻全变，若是《乾》《坤》占"二用"，其他卦以之卦的彖辞占；一爻变，则以本卦的变爻辞占；二爻变，则以本卦的二个变爻辞占，以下爻为主；三爻变，则以本卦和之卦的彖辞占；四爻变，以之卦的二个不变爻占，以下爻为主；五爻变，则以之卦的一个不变爻辞占。如我们上文所举的例子，本卦共有四个爻变，占断时，根据上面的说法，"四爻变，则以之卦二不变爻占，以下爻为主"，则要看之卦的九二爻辞和六四爻辞，以九二爻辞为主。之卦是《井》卦，《井·九二》爻辞说："井谷射鲋，瓮敝漏。"参考六四爻辞"井甃，无咎"，根据你的理解，就可以告诉求占的人了。